BONECAS NEGRAS, CADÊ?

MARIA ZILÁ TEIXEIRA DE MATOS

BONECAS NEGRAS, CADÊ?

O negro no currículo escolar: sugestões práticas

2ª Edição

MAZA
edições

Copyright © 2004 *by* Maria Zilá Teixeira de Matos
2ª edição: 2009

Diagramação e Composição Eletrônica
Rosângela Santana

Capa
Rubem Filho

Revisão
Ana Emília de Carvalho

Fotos e Ilustrações
Arquivo da autora

Dados Internacionais de Catalogação na Publicação (CIP)

M433 b	Matos, Maria Zilá Teixeira de.
	Bonecas negras – cadê?: o negro no currículo escolar / sugestões práticas / Maria Zilá Teixeira Matos. – Belo Horizonte / Mazza Edições, 2004.
	80 p.
	1. Questão social. Educação inclusiva Afro-brasileiros / educação. Educação interétnica I. Título.
	CDD: 301.451
	CDU: 323.12

2004
Proibida a reprodução total ou parcial.
Os infratores serão processados na forma da lei.

Mazza Edições Ltda.
Rua Bragança, 101 - Bairro Pompeia - Telefax: (31) 3481-0591
30280-410 Belo Horizonte - MG
e-mail: edmazza@uai.com.br
site: www.mazzaedicoes.com.br

SUMÁRIO

Apresentação 7

1 - Conhecimento: remédio indicado contra o racismo 9

2 - Concurso de Bonecas Negras: *Bonecas negras, cadê?* 22

3 - Murais Temáticos 26

4 - Mural da Consciência Negra 32

5 - Álbum da Consciência Negra 37

6 - Trabalho com mapas: *Geografia de Gente Famosa* 39

7 - Herança africana: pesquisa e trabalho com selos postais 43

8 - Álbum de família: heranças étnicas e culturais 48

9 - Questões de múltipla escolha 49

10 - Reflexões: pensamentos e textos 54

11 - O que dizem as leis 62

12 - Entidades negras 66

13 - Sugestão de livros, filmes e *sites* 67

14 - Glossário 73

15 - Referências 75

APRESENTAÇÃO

Os afrodescendentes estão sendo violentados em seus direitos há muito tempo, pois violência não é só a violação física de alguém. A injustiça, a mentira, a calúnia, o silêncio e a omissão são também violações da dignidade humana. Na área educacional, nossos currículos e materiais didáticos ainda não tratam a questão racial de maneira satisfatória.

Se realmente queremos um País justo e sem violência, a educação deve fazer a sua parte, educando para a paz por meio do incentivo à prática de relações interpessoais éticas. Para isso, as escolas não podem continuar omitindo o tema da questão racial, permitindo a disseminação de preconceitos e provocando o sofrimento inútil e injusto das crianças negras. Precisamos de uma educação justa, que aprenda a trabalhar com a diversidade, repensando conteúdos para incluir, no caso, os afro-descendentes e suas contribuições (étnicas, históricas, culturais e econômicas). Só assim os preconceitos darão lugar aos conceitos.

Acredito ainda que só haverá mudança de mentalidade se o conhecimento folclórico preconceituoso for questionado em sala de aula e confrontado com o conhecimento ético e o científico. Torna-se necessário trabalhar as mazelas do relacionamento humano por intermédio, por exemplo, dos ditados populares ou versinhos racistas, colocando o dedo na ferida para curá-las. Se mantivermos a atual educação, continuaremos a formar pessoas que estudam longos anos, frequentam universidades, mas não mudam seus comportamentos supersticiosos e preconceituosos, continuando a pensar e agir como seus pais, avós ou bisavós...

Nossa escola precisa formar o aluno para pensar, questionar, fazer análises e analogias para que ele mesmo possa identificar as mentiras preconceituosas que lhe são repassadas, segundo Gramsci, pela "força granítica das crenças populares" (SOARES, 2000). Com estas competências, os alunos aprenderão a se posicionar com dignidade contra o racismo, utilizando-se de argumentos inteligentes.

Nasceu daí a minha pretensão de escrever um livro para professores, sem a intenção de dar receitas, apenas para mostrar as experiências que deram bom resultado na Escola Municipal Oswaldo Cruz (EMOC), em Belo Horizonte. São atividades simples e práticas sobre a questão racial e a ética experimentadas durante dezessete anos em sala de aula. Diferentes atividades foram feitas: murais temáticos; cartazes; álbuns; pesquisas; análise de músicas, de textos e de pensamentos; pesquisa em selos postais; trabalhos com mapas; concurso de bonecas negras; avaliação com questões de múltipla escolha e fichas coloridas com a terminologia básica para sondagem ou jogos. Com estas sugestões, o professor pode criar a sua própria metodologia.

Este livro atende aos Parâmetros Curriculares Nacionais (PCNs)/Temas Transversais, Pluralidade Cultural e Ética (com os valores Respeito, Justiça e Diálogo) e, mais do que nunca, vem colaborar para incluir os afrodescendentes em nossos currículos escolares.

Assim, espero contribuir para a democratização de conteúdos, somando esforços na luta por um ensino justo e, portanto, ético, no qual não mais se omita nenhum dos grupos raciais construtores deste País.

A autora

1

CONHECIMENTO:
REMÉDIO INDICADO CONTRA O RACISMO

*Este projeto pedagógico interdisciplinar foi um dos trinta selecionados
no* Concurso Educar para a Igualdade Racial *promovido pelo*
Centro de Estudos das Relações de Trabalho e Desigualdades (CEERT).

Introdução

O racismo é um mal e, como todo mal, deve ser atacado para ser destruído. Um dos grandes culpados pela existência do racismo ainda no século XXI é a ignorância. E quem ainda acredita em ideias racistas precisa de um remédio: rever seus conhecimentos. Precisa de novos saberes, principalmente da Ética, para atingir o grau de sabedoria que algumas pessoas, mesmo analfabetas, já possuem.

Três são os saberes que devem ser estudados, discutidos, testados e aprendidos: o conhecimento científico, o dos valores éticos e o popular. O conhecimento popular perverso, preconceituoso e que provoca discriminações deve ser levado para a sala de aula para ser confrontado com a Ciência e com a Ética. Esta última trata da busca racional para um bom relacionamento das pessoas entre si e delas com a Mãe Terra.

A escola, em seu silêncio, está permitindo a disseminação dos preconceitos raciais, gerando problemas psicológicos de rejeição, perda da auto-estima, complexo de inferioridade e vergonha nas crianças negras em relação à sua raça.

Há de ser um compromisso da educação investir na autoestima de TODAS as crianças, para que gostem de si mesmas, ajudando-as a se libertar dos preconceitos e dos medos por seres que não existem, como, por exemplo, do lobisomem. **Educação é libertação** quando combate a ignorância, um dos grandes inimigos da liberdade.

> **OS INIMIGOS DA LIBERDADE:**
>
> *POBREZA*
> *DITADURA*
> *CONSUMISMO*
> *VÍCIOS*
> *IGNORÂNCIA*

Justificativa

Em 1982, ao começar a ministrar aulas de Educação Moral e Cívica e Organização Social e Política do Brasil (OSPB) na escola pública, fiquei meio perdida, pois não conhecia o currículo e nem fui preparada para ensinar os conteúdos dessas disciplinas, pois eu me formei em Geografia. Comecei, então, abordando os temas autoconhecimento e valores éticos. Daí para perceber a importância de trabalhar a autoestima, as questões raciais e as de gênero, foi um pulo.

Muitas pessoas me questionam por que eu, uma mulher branca, levanto bandeira pela questão racial. Na verdade, eu já trabalhava com o tema, quando um aluno meu, da 5ª série, levantou-se no meio da platéia de um auditório lotado e disse em alto e bom som que **ele não gostava de ser negro**. A fala desta criança me incomodou muito e me fez perceber a auto-estima fragmentada desta e de outras crianças da periferia. Grande parte dos alunos da Escola Municipal Oswaldo Cruz (EMOC) são moradores da Favela Ventosa. De início, passei a investir na autoestima dos alunos, trazendo sempre imagens de negros que venceram. E foi muito difícil, porque quase não se via negros com boas condições financeiras nas revistas. Aí fui constatando a invisibilidade dos negros no livro didático, no currículo das escolas, nas revistas, na tevê e até nos brinquedos, pois quase não havia boneca negra nas lojas. Até a libertação dos escravos, que tanto trabalho e sacrifícios deu aos quilombolas e negros cativos, foi atribuída a uma branca: a Princesa Isabel!

Apesar de já estar aposentada desde 1998, eu ainda não me aposentei das minhas ideias. Continuo trabalhando em educação. Só que agora escrevo matérias e materiais didáticos para diferentes órgãos.

Especificamente sobre este projeto, ele nasceu quando precisei organizar um material para coordenar um curso para professores de Geografia da Rede Pitágoras para o ano de 2000. Ao exemplificar o que era um projeto pedagógico, resolvi escolher a questão racial como tema. Fiz um levantamento dos atividades feitas durante dezessete anos, para selecionar o vocabulário básico e as atividades práticas que deram bom resultado e elaborei este projeto. Apesar de aposentada, eu o testei na EMOC em novembro de 1999, com a ajuda de duas colegas da área de Geografia que me cederam oito aulas.

Objetivos

De acordo com os PCNs, este projeto atinge diretamente dois temas transversais: a Pluralidade Cultural e a Ética (Respeito, Justiça e Diálogo). Dentre muitos desses objetivos, destaco dois:

- *Conhecer e valorizar as diversas culturas presentes na constituição do Brasil como nação, reconhecendo sua contribuição no processo de constituição da identidade brasileira;*
- *Repudiar toda discriminação baseada em diferença de raça/etnia, classe social, crença religiosa, sexo e outras características individuais ou sociais.*

Especificando um pouco mais, seria proporcionar condições ao aluno para:

- melhorar sua autoestima, conscientizando-se de que todos nós somos diferentes e que não há seres humanos iguais na Terra, reconhecendo-se como um ser único, que merece RESPEITAR e ser respeitado, quer seja ele negro, branco ou índio; homem ou mulher; magro ou gordo; bonito ou feio, rico ou pobre ou, ainda, pessoa com alguma deficiência;
- compreender que não existem raças superiores e que o racismo não tem lógica científica, levando-o a concluir que **a cor da pele, o tipo de cabelo ou o formato do nariz não definem o caráter nem a inteligência das pessoas**;
- posicionar-se com dignidade diante de situações de preconceito e de discriminação, utilizando-se do DIÁLOGO, com argumentos inteligentes, sem fazer uso da violência. E, ainda, saber onde procurar apoio em caso de racismo (por exemplo: SOS Racismo);
- resgatar a verdadeira história de luta do povo negro e suas contribuições para a formação da identidade brasileira;
- exercitar sua CIDADANIA em defesa dos direitos dos carentes de oportunidade, sem assistencialismos, pois há muito o que fazer pela comunidade negra;
- reconhecer-se como um cidadão que faz parte de um universo maior, devendo respeitar negros, índios, brancos, mulheres e homossexuais do mundo inteiro. Compreender ainda que, melhorando a si mesmo, ao trabalhar por JUSTIÇA para conquistar seus direitos e reconhecendo os direitos dos outros, estará automaticamente colaborando para melhorar o mundo, ajudando-o a encontrar o caminho da PAZ.

Público-alvo

Alunos de 7ª e 8ª séries do Ensino Fundamental e alunos do Ensino Médio. Para as séries iniciais, eliminar alguns conceitos e os temas mais complexos.

Metodologia

Este projeto pedagógico interdisciplinar foi trabalhado em oito aulas de Geografia que antecederam à comemoração do Dia 20 de Novembro, no ano de 1999, na EMOC, em Belo Horizonte e apresentado em alguns cursos para professores de Geografia da Rede Pitágoras, no ano de 2000, em cinco cidades brasileiras.

Quanto à interdisciplinaridade, houve colaboração de outros professores da mesma série de maneira assistemática.

Primeira aula: Problematização

a) **Bonecas negras**

Para detonar o tema, levei para a sala de aula uma boneca e um boneco negros com a negritude assumida nos cabelos, na pele e nos traços físicos. Então, eu perguntei:

– Por que quase não vemos bonecas negras nas lojas? Quais as características das que existem? Será que o racismo tem alguma fundamentação científica?

As respostas dos alunos foram sendo escritas no quadro e eles chegaram à conclusão de que existe racismo no Brasil, comprovado até pela discriminação dos brinquedos.

b) Sondagem com fichas coloridas

Logo após a atividade anterior, distribuí fichas aos alunos para sondar o conhecimento deles. As fichas eram agrupadas por cores (ou por números) em seis subtemas, com toda a terminologia básica. (Observação: alguns alunos receberam mais de uma ficha e, nesse caso, elas necessariamente eram da mesma cor.) Os alunos se reuniram em grupos, de acordo com as cores, para descobrir o que havia de comum entre as fichas. Depois de discutido no grupo, cada um foi à frente explicar sua ficha (ou fichas) aos colegas.

As palavras ou expressões que não puderam ser explicadas pelos alunos foram escritas no quadro-negro e passaram a ser objeto de futuras pesquisas. Com estas fichas, pude fazer um levantamento do conteúdo que ainda precisava ser trabalhado. Sobre as fichas, veja a foto abaixo, a legenda e o quadro de termos na página seguinte.

Grupos de fichas coloridas utilizadas na sondagem dos conhecimentos

Quadro de termos a serem trabalhados agrupados por subtemas

NEGRITUDE E RACISMO

1 - Abolição
1 - Afrodescendentes
1 - Afro-brasileiros
1 - Cotas para negros
1 - Cultura
1 - Discriminação
1 - Democracia
1 - Democracia racial
1 - Etnia
1 - Etnocentrismo
1 - Escravidão
1 - Fenótipo
1 - Genótipo
1 - Holocausto[1]
1 - Ideologia do branqueamento
1 - Leis brasileiras antirracistas
1 - Minorias étnicas
1 - Movimento negro
1 - Negritude
1 - Preconceito
1 - Palmares
1 - Quilombos
1 - Raça
1 - Racismo
1 - Racismo explícito
1 - Racismo velado
1 - Resistência
1 - Tolerância
1 - Xenofobia

2 - Jesus Cristo
2 - Mahatma Gandhi
2 - Martin Luther King
2 - Malcom X
2 - Nelson Mandela
2 - Steve Biko
2 - Zumbi

3 - Carecas do ABC
3 - *Ku Klux Klan*
3 - Nazistas
3 - Neonazistas
3 - Política do *apartheid*
3 - *Skinheads*

4 - Bailes *funk*
4 - *Break*
4 - DJ / MC
4 - Excluídos
4- Grafite
4 - *Hip hop*
4 - *Marginalizados*
4 - Populações carentes
4 - *RAP (rhythm and poetry)*
4 - *Rappers*

5 - Axé, crioulo, quitanda, fubá, moleque, cacha-ça, xingar
5 - Cocada, pé-de-moleque, quindim
5 - Candomblé/Umbanda
5 - Capoeira
5 - Feijoada, efó, cuscuz, acarajé, vatapá
5 - Iemanjá, Ogum, Exu, Xangô, Oxalá, Oxumaré
5 - Pimenta-malagueta, azeite-de-dendê, coco
5 - Pandeiro, zabumba, bongô, ganzá, cuíca
5 - Samba, afoxé, baião
5 - Simpatias /benzeduras

6 - Autoestima
6 - Consciência
6 - Diálogo
6 - Justiça
6 - Orgulho
6 - Respeito
6 - Solidariedade

Grupo 1 – Fichas vermelhas: conceitos básicos.
Grupo 2 – Fichas verde-escuras: grandes líderes defensores da justiça.
Grupo 3 – Fichas verde-claras: grupos ou políticas de racismo explícito.
Grupo 4 – Fichas azuis: cultura de rua.
Grupo 5 – Fichas amarelas: contribuição dos negros para a nossa cultura.
Grupo 6 – Fichas prateadas: valores éticos diretamente associados ao tema.

---

1   Este assunto (holocausto) foi abordado como exemplo de racismo e ódio aos judeus. Sugeri aos alunos que assistissem ao filme "A Lista de Schindler", que é aconselhável para maiores de 14 anos.

Segunda e terceira aulas: Desenvolvimento/Trabalho de pesquisa

Os alunos se reuniram em grupos para pesquisar o conteúdo das fichas desconhecidas. Consultaram diversas fontes: livros, revistas e o álbum que organizei com recortes e reportagens de maior relevância. O uso do dicionário também foi fundamental. Houve colaboração assistemática dos professores das turmas envolvidas. Veja como a interdisciplinaridade foi feita:

INTERDISCIPLINARIDADE

Língua Portuguesa: orientou os alunos a desvendar a terminologia e a analisar ditados populares racistas.

Ciências: deu explicações sobre as noções de genética, de fenótipo e de genótipo.

História: orientou os alunos na pesquisa dos grandes líderes preocupados com a justiça racial e de fatos históricos relevantes.

Geografia: coordenou todo o projeto e levou os alunos a analisar as causas das condições socioeconômicas dos negros serem inferiores às dos brancos e também a desvendar a origem geográfica e étnica de algumas tradições folclóricas.

Inglês: trabalhou o vocabulário da música *What a wonderful world*.

Artes: trabalhou os artistas negros (atores, músicos, escritores, escultores).

Educação Física: discutiu a importância dos atletas negros nos esportes.

Informática: pesquisou *sites* sugeridos na Internet (ver o Cap. 13).

Matemática: trabalhou gráficos com dados socioeconômicos dos grupos raciais.

Quarta aula: Desenvolvimento/Aula expositiva com música

Nesta aula expositiva com música e farta ilustração, as letras foram analisadas rapidamente antes de serem tocadas. As letras são fortes e tratam do racismo ou do orgulho de ser negro. A música bem contextualizada é uma forte arma para sensibilizar os alunos. E para encerrar de maneira positiva, a quinta música mostra muito otimismo e esperança em um mundo que deveria realmente ser maravilhoso.

a) As músicas trabalhadas foram:

- *Haiti*, de Gilberto Gil;
- *Mão da limpeza,* de Gilberto Gil;
- *Olhos coloridos,* de Sandra Sá;
- *Lavagem cerebral*, de Gabriel, o pensador; e
- *What a wonderful world*, de Louis Armstrong.

b) Trechos de algumas das músicas utilizadas

A mão da limpeza
Gilberto Gil

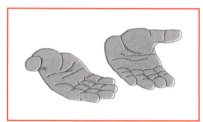

O branco inventou que o negro
Quando não suja na entrada, vai sujar na saída.
Ê, imagina só, sujar na saída.
Ê, imagina só, que mentira danada, ê.

Lavagem cerebral
Rap de Gabriel, o Pensador

O racismo é burrice mas o maior burro não é o racista é o que pensa que o racismo não existe O pior cego é o que não quer ver E o racismo está dentro de você Porque o racista na verdade é um tremendo babaca Que assimila os preconceitos porque tem cabeça fraca E desde sempre não pára pra pensar Nos conceitos que a sociedade insiste em lhe ensinar E de pai pra filho o racismo passa Em forma de piadas que teriam bem mais graça Se não fossem o retrato da nossa ignorância Transmitindo a discriminação desde a infância E o que as crianças aprendem brincando É nada mais nada menos do que a estupidez se propagando Qualquer tipo de racismo não se justifica Ninguém explica Precisamos de lavagem cerebral pra acabar com esse lixo que é uma herança cultural Todo mundo é racista mas não sabe a razão Então eu digo Meu irmão Seja do povão ou da "elite" Não participe Pois como eu já disse Racismo é burrice Como eu já disse Racismo é burrice Como eu já disse Racismo é burrice Como eu já disse Racismo é burrice E se você é mais um burro Não me leve a mal é hora de fazer uma lavagem cerebral Mas isso é compromisso seu Eu nem vou me meter Quem vai lavar a sua mente não sou eu é você.

c) Outras músicas sobre raça, racismo ou paz exploradas em sala de aula:

- *Imagine* (John Lennon);
- *Power to the people* (John Lennon);
- *Ebony and Ivory* (Paul McCartney);
- *Illê Ayê* (Paulinho Camafeu); *e*
- *Era um garoto que, como eu, amava os Beatles e os Rollings Stones.*

Quinta e sexta aulas: Síntese/Cartaz em grupos

Depois de familiarizados com o vocabulário, os alunos receberam um novo desafio: deviam escolher um dos temas abaixo para fazer um cartaz e montar um painel para a *Semana da Consciência Negra*. Dentre os temas, foram incluídos ditados racistas para serem combatidos com argumentos inteligentes pelos alunos.

A avaliação foi contínua e processual. Os instrumentos de avaliação foram as próprias produções dos alunos, feitas por intermédio dos cartazes. Para responder aos desafios dos títulos, os alunos deveriam usar a terminologia adequada (racismo, racismo velado, racismo explícito, etc.). As dúvidas foram sendo esclarecidas e os erros corrigidos antes de o painel ser montado.

SUGESTÃO DE TEMAS PARA O CARTAZ EM GRUPOS

1 - Endeusar as raças ou valorizar o ser humano?
2 - Racismo é crime. Aprenda com a lei.
3 - Não deixe sua cor passar em branco: assuma sua verdadeira identidade.
4 - Brasil: maior país de população negra fora da África.
5 - *Branco correndo é atleta, negro correndo é ladrão.*
6 - *Negro quando não suja na entrada, suja na saída.*
7 - Solidariedade: negros ajudando negros a se ajudarem.
8 - Afro-brasileiros famosos.
9 - Afrodescendentes famosos de outras partes do mundo.
10 - Afrodescendentes: pelo resgate da cultura.
11 - Afrodescendentes: pela autoestima e autodefesa.
12 - Grandes líderes na luta contra o racismo.
13 - Contribuição dos negros na formação cultural do Brasil.
14 - Os negros precisam ocupar o seu verdadeiro espaço na sociedade.
15 - Conquistas dos negros brasileiros.
16 - O Movimento Negro e seus objetivos.
17 - Como vivem os negros brasileiros de classe média?
18 - O negro brasileiro na mídia e nas artes.
19 - Defenda-se do racismo com argumentos inteligentes.
20 - Após estudar Ética e Genética, seja racista, se for capaz!

O ditado popular "Negro, quando não suja na entrada, suja na saída", está sendo questionado neste cartaz. Os negros <u>entraram</u> no Brasil como escravos dos brancos e <u>saíram</u>, após a Abolição, em situação muito precária, sem qualificação e sem emprego

Sétima e oitava aulas: Ação/Pequeno show

Organização de um pequeno *show* com a participação da comunidade, em que a valorização do povo negro foi o objetivo principal. Houve apresentação de:

- capoeira;
- *hip hop;*
- jogral com o *rap Lavagem cerebral*, de Gabriel, o Pensador;
- duas músicas de Gilberto Gil: *Mão da limpeza* e *Andar com fé*, tocadas e cantadas ou simplesmente dubladas;
- depoimento de uma pessoa negra da comunidade que já foi discriminada;
- pequenas biografias de várias personalidades negras com frases bem curtas, em que cada aluno representa uma personalidade e leva para o palco o maior retrato do seu personagem. Exemplos:

Sou Nelson Mandela. Nasci na África do Sul. Sou advogado. Sou o maior líder negro vivo da atualidade. Fui preso por quase trinta anos por ser contra o apartheid. Recebi o Prêmio Nobel da Paz em 1993. Tornei-me o presidente do meu país.

Sou Diva Moreira. Sou negra. Sou mineira e moro em Sabará. Sou cientista política. Defendo os direitos do meu povo. Fui a primeira secretária Municipal do Brasil para Assuntos da Comunidade Negra – a SMACON – em Belo Horizonte. Trabalho na Organização das Nações Unidas (ONU) para promover a igualdade social no Brasil.

Sou Netinho. Nasci na periferia de São Paulo. Fui vocalista do Negritude Júnior. A solidariedade com os "manos" da periferia é o meu lema. Criei vários programas de assistência cultural: escola de música, de esportes e outros. Hoje, trabalho na TV.

E assim com: Aleijadinho, André Rebouças, Agílio Monteiro, Ataulfo Alves, Benedita da Silva, Bob Marley, Cartola, Carlinhos Brown, Cruz e Souza, Denzel Washington, Gilberto Gil, João Cândido, José do Patrocínio, Kofi Annan, Leci Brandão, Lima Barreto, Luiza Mahin, Machado de Assis, Mahatma Gandhi (não era negro, mas sofreu racismo por ser indiano), Maria Aparecida Silva Bento, Maria Mazarello Rodrigues, Martin Luther King, Maurício Tizumba, Malcom X, Milton Gonçalves, Milton Nascimento, Milton Santos, Morgan Freeman, Paulo Paim, Pelé, Pixinguinha, Samuel Jackson, Sidney Poitier, Ray Charles, Ruth de Souza, Steve Biko, Steve Wonder, Woopi Goldberg, Zezé Motta, Zumbi e outras personalidades famosas.

Lembrete: destacar também pessoas da própria comunidade ou região.

Lições aprendidas com este projeto

- Que vale a pena investir na autoestima, possibilitando à criança a oportunidade de se conhecer e conhecer suas origens, para aprender a gostar de si mesma e de seu povo e aprender a conviver com a diversidade respeitosa e pacificamente.

- Que devemos possibilitar à criança discriminada a oportunidade de se posicionar dignamente em situações de racismo com argumentos inteligentes da Ética, da Ciência e da Lei.

- Que é preciso levar o conhecimento folclórico preconceituoso para a sala de aula para que ele seja derrubado pela Ética e pela Ciência.

- Que todos os professores devem trabalhar os preconceitos durante o ano todo, pois as atitudes preconceituosas racistas ou machistas nunca têm hora certa para acontecer. O importante é não silenciar sobre o assunto, deixando que uma criança sofra inutilmente e injustamente.

- Que precisamos sair da mesmice e criar mais oportunidades para que os alunos demonstrem sua tradição cultural, sua criatividade e suas emoções.

- Que devemos questionar e reelaborar nossos livros didáticos, pois ainda falta material claro e explícito sobre o tema, com linguagem adequada às várias etapas do ensino. Nossos livros didáticos ainda são omissos, afirmam estereótipos ou assumem posições racistas. Os preconceitos e os fatos históricos distorcidos que geram ideias racistas devem ser questionados. Além disso, é necessário incluir na História, na Literatura e nas Artes as personalidades negras que passaram esquecidas. Nos livros de Geografia, explicar os reais motivos que deixaram os negros brasileiros em situação tão precária! Nos livros de Ciências e Biologia, explicitar que **o caráter e a inteligência das pessoas não está associado à cor da pele, ao tipo de cabelo ou ao formato de nariz!**

- Que nós, professores, apesar de não fazermos parte do poder econômico, fazemos parte da elite cultural. Podemos escrever cartas a jornais, revistas e órgãos públicos cobrando **"direito de imagem"**, isto é, exigindo a inclusão do negro na mídia, nos brinquedos, nos livros didáticos, etc. Dessa forma, estaremos exercendo o nosso direito de cidadãos conscientes.

Reação dos alunos e resultados alcançados

Ao constatar a existência de racismo nos brinquedos, pela falta de bonecas negras no mercado, os alunos (todos) se sentiram indignados. Indignaram-se também ao descobrirem as mentiras repassadas pela tradição oral e quase nunca discutidas nos livros didáticos.

Os alunos gostaram muito da metodologia das fichas coloridas com a terminologia, pois a aula foi bem diferente da usual e muito participativa.

Na aula expositiva com música, à medida que as ideias preconceituosas foram sendo discutidas, os alunos, principalmente os negros, ficavam muito entusiasmados e satisfeitos com a confirmação de que a cor da pele não está associada ao caráter e nem à inteligência das pessoas e também ao saberem que quem acredita em ideias racistas precisa estudar muita Ética e Genética. Foi uma aula muito proveitosa e agradável para os alunos. É como disse Herbert de Souza, o Betinho, em uma de suas entrevistas publicadas no livro *Ética e cidadania*: "Imagino que, às vezes, uma música educa mais do que trinta aulas de História, quarenta discursos, dez passeatas".

Ainda nessa aula de música, apresentei fotos e reportagens retiradas de revistas e organizadas em três álbuns sobre vários fatos, entre eles, os grandes líderes que lutaram por justiça e/ou contra o racismo: Jesus Cristo, Gandhi, Martin Luther King, Nelson Mandela, Malcom X, Steve Biko e Zumbi. Os alunos demonstraram muito orgulho ao perceberem a nobreza de caráter desses líderes citados e também muita curiosidade e profundo respeito por eles. Apresentei também casos de racismo e fotos de esportistas que tiveram sérios problemas nas Olimpíadas, ocorrida na Alemanha de Hitler. Foram punidos por serem negros ou por protestarem, de punho fechado, contra o racismo. Os alunos demonstraram repúdio e indignação por Hitler e por estes acontecimentos racistas.

É muito gratificante observar como os olhos brilham mais com o conhecimento, quando este traz a conscientização. Neste caso, o retorno é certo, principalmente para as crianças negras. É como diz Gilberto Gil: *"Gente foi feita pra brilhar..."*

Acredito que muitos alunos tiveram sua autoestima aumentada. Com certeza, estarão mais capacitados e seguros para se defenderem com argumentos inteligentes de situações constrangedoras. Alguns alunos, posso garantir, serão militantes desta causa. Deverão exercer sua cidadania com responsabilidade, buscando a justiça que traz a paz, por intermédio do diálogo, da união de ideias e ideais.

Além disso, eu fiz grandes amigos.

2

CONCURSO DE BONECAS NEGRAS

Motivos da criação deste concurso

A constatação de que quase não havia bonecas negras nas lojas me levou a organizar o *Concurso de Bonecas Negras*. Sabendo-se que as meninas canalizam suas fantasias para a boneca, dá para imaginar que, brincar de mamãe e sonhar com uma imagem que não é a dela, pode causar problemas de autoaceitação e levar à autorrejeição. O primeiro concurso de bonecas aconteceu timidamente em 1992; o segundo ocorreu em 1993 e só voltei a fazê-lo nos anos de 1997 e 1998.

Devido ao sucesso desta atividade tão simples, escrevi uma carta ao Jornal *Estado de Minas* com o intuito de divulgar esta ideia a outros professores. Ela foi publicada no dia 14/11/1997. Segue um pequeno trecho:

Bonecas Negras, Cadê?

"Psicologicamente falando, é inegável a importância dos brinquedos para as crianças. Ainda mais, em se tratando de bonecas. Com elas a criança vai ninar, trocar fraldinha, dar de mamar ou dar mamadeira para o 'seu' filhinho. Ora, como é que uma mãe negra vai poder escolher no mercado uma boneca adequada ao seu bolso ou ao seu gosto, se as lojas estão abarrotadas até o teto com bonecas louras e de olhos azuis? As mulheres negras acabam comprando bonecas louras para os seus filhos por absoluta falta de opção! Proporcionalmente falando, a quantidade e a variedade de bonecas negras é muito menor! Vá a uma loja de brinquedos e constate! [...]

É por isto que, pela terceira vez, na época da 'Semana da Consciência Negra', eu organizo o Concurso de Bonecas Negras para chamar a atenção para o problema, na Escola Municipal Oswaldo Cruz – EMOC.[...]"

Sabendo-se que a população negra do Brasil corresponde a 45% do total, é de se admirar como os empresários ainda não se deram conta desse fato.

Se mantivermos o atual descaso para com as crianças negras e suas bonecas (que são suas verdadeiras filhinhas), estaremos afirmando negativamente o povo negro, principalmente **a imagem da mulher negra.** Estaremos incutindo na cabeça das meninas a preferência por bonecas louras e mais bem elaboradas em detrimento das bonecas negras, mais raras e algumas ainda muito malfeitas. A mulher negra precisa ser mais respeitada!

Precisamos assumir o compromisso de insistir e divulgar esta ideia nas instituições responsáveis. Mesmo que a maioria dos pais negros não possa comprar a boneca negra mais cara, as crianças vão se acostumar a vê-las nas prateleiras. E vendo-as, podem desejá-las e sonhar com elas. E sonhar só faz bem para o ego, além de elevar a autoestima.

**Criança negra também quer ser princesa.
Criança negra também precisa sonhar...**

As bonecas negras também têm que:
- ser belas,
- vestir roupas bem bonitas,
- assumir sua negritude.

Aluna Raquel e suas bonecas na EMOC, em 1997

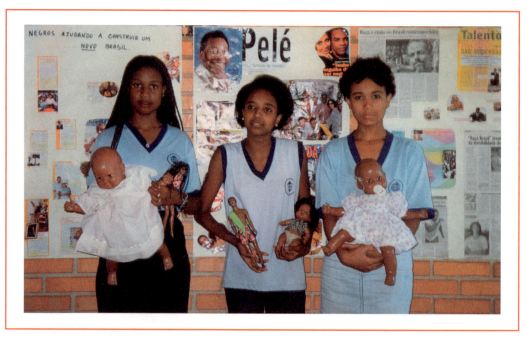

*3º Concurso de Bonecas Negras realizado na EMOC, em 1997.
Ao fundo, vê-se o Mural da Consciência Negra*

Critérios do concurso de bonecas negras

- A boneca ou boneco não precisa pertencer ao participante.
- Pode ser de qualquer tamanho, material, artesanal ou de fábrica.
- As bonecas e os donos delas serão fotografados (se quiserem).
- Todos os alunos que trouxerem bonecas ganharão um bombom.
- Serão selecionadas três bonecas por turno: aquela que valoriza mais a sua negritude nos trajes e nos traços físicos, a mais bem cuidada, a mais original ou mais simples ou mais engraçadinha (usar o bom senso na hora).
- Premiação simbólica: o dono de cada boneca vencedora ganhará uma caixa de bombons.

Reação dos alunos ao concurso de bonecas

Ao falar do *Concurso de Bonecas Negras*, a primeira reação dos alunos foi de espanto. **Boneca negra?** Quase todas as alunas, negras e não negras, tinham bonecas louras e queriam de todo jeito levá-las para participar do concurso. Não permiti. O dia era das bonecas negras.

A segunda reação foi de vergonha das meninas em assumirem suas bonecas negras, mas a vontade de ganhar bombons falou mais alto, porque nossa comunidade é muito carente. No dia do primeiro concurso, apareceram poucas bonecas. Quando os alunos viram que a premiação realmente foi feita, eles acreditaram no concurso.

No ano seguinte, em 1998, todas as meninas que tinham bonecas queriam participar e passaram a desfilar orgulhosamente com suas "filhas" pelos corredores da escola. A escola ficou movimentadíssima. Até as alunas do terceiro ano do Ensino Médio e dois alunos do sexo masculino aderiram ao concurso. Um deles trouxe um chaveiro com um jogador negro e outro trouxe uma pequena imagem de Nossa Senhora da Conceicção Aparecida. A participação deles foi aceita e ganharam os seus bombons.

Achei muito interessante a solidariedade das meninas vencedoras. Nos três turnos, elas abriram suas caixas de bombons e as dividiram com as outras candidatas. Não tive participação nesta decisão.

Conclusões do Concurso de Bonecas Negras

Infelizmente, quando o governo retirou as aulas de Educação Moral e Cívica, em 1994, eu fiquei três anos sem espaço para trabalhar o tema com os alunos onde a culminância era o Concurso de Bonecas. Só voltei a organizá-lo quando assumi o cargo de coordenadora pedagógica em 1997. Um ano depois, eu me aposentei. Portanto, organizei quatro concursos no total: em 1992, 1993, 1997, 1998.

Hoje, eu não chamaria mais esta atividade de Concurso de Bonecas Negras. Apesar de eu ter esclarecido bem seus objetivos, a ideia de "concurso" intimidou algumas alunas mais carentes a levarem suas bonecas de pano ou as feitas com mais simplicidade. Eu mudaria o nome de *Concurso de Bonecas Negras* para o **Dia das Bonecas Negras**, no qual não haveria concorrência explícita. Seriam premiadas três bonecas por turno da mesma maneira, mas os critérios seriam decididos por consenso entre as concorrentes de cada turno.

Este projeto, apesar de simples, foi muito rico e trouxe bom retorno; não só para os alunos, como também na mídia. Após a publicação da cartinha **BONECAS NEGRAS, CADÊ?,** no Jornal *Estado de Minas*, a EMOC recebeu vários telefonemas. Este Concurso de Bonecas Negras acabou aparecendo em uma reportagem do próprio jornal, nos noticiários noturnos da *TV Bandeirantes e TV Record* (nov./1997), na *Revista Amae-Educando* (nov./1998) e na *Revista Nova Escola* (mar./1999).

3

MURAIS TEMÁTICOS

Motivos da criação dos murais temáticos

Em 1994, quando o governo retirou dos currículos a Educação Moral e Cívica e a Organização Social e Política do Brasil (OSPB), nós, professores destas matérias, ficamos revoltados. No meu caso, trabalhei onze anos com essas disciplinas na EMOC e nelas encontrei um espaço maravilhoso para fazer um trabalho sistemático de discussão dos valores éticos e de problemas urgentes ainda pouco discutidos nas escolas, como profissões em diferentes níveis de ensino; questões duvidosas do nosso folclore; letras de músicas pré-selecionadas; preconceitos contra a mulher, o negro, o índio e outros.

Infelizmente, os alunos desta escola pública acabaram perdendo, além das aulas de Moral e Cívica, as aulas de Ensino Religioso e as de Música. Fiquei preocupada, pois sei que estes conteúdos são muito importantes para despertar a sensibilidade, desfazer preconceitos, colaborar na formação do bom caráter e ainda sugerir orientações para a vida. Diz um ditado popular que a "Educação vem de berço", mas infelizmente boa parte destas crianças vem de lares muito problemáticos. Enquanto isso, na escola particular, os alunos de uma mesma série têm, ao mesmo tempo, aulas sistemáticas de Ética, de Ensino Religioso e de Música. Injusto, não?

Sei que muitos professores de diferentes conteúdos trabalham a formação do caráter dos alunos, mas não de forma contínua. Acredito ser necessário um estudo sistemático dos valores éticos fundamentais, com currículo próprio e com objetivos comportamentais a vivenciar.

Se nós, professores, não nos preocuparmos em incentivar o bom caráter, estaremos ensinando os segredos das ciências ao aluno que irá, pouco a pouco, transformando-se em mau-caráter por falta de conhecer o caminho correto. Conforme afirma Emília Rosa Teixeira de Matos[2]: "A educação é mais importante que a instrução livresca. O instruído de mau-caráter é mais perigoso que o analfabeto."

Para preencher a falta destes conteúdos na escola e também para tornar a escola mais alegre e dinâmica, acabei criando os **Murais Temáticos.** Para isto, utilizei algumas horas do meu novo cargo de coordenadora pedagógica. Isto aconteceu em 1997.

---

2. Mãe da autora.

A ideia de criá-los foi baseada em trabalhos anteriores feitos durante um período de onze anos, nas aulas de Educação Moral e Cívica e OSPB. Nesta época, após a discussão do tema em sala de aula, os alunos é que faziam os cartazes. Antes de serem colocados no mural, os cartazes eram corrigidos.

Felizmente em 1998, foram criados os PCNs/Temas Transversais: Ética, Meio Ambiente, Orientação Sexual, Pluralidade Cultural, Saúde, Trabalho/Consumo e algum tema local. Estes temas irão, com certeza, trazer um retorno muito positivo à formação integral das crianças e jovens deste País.

Resta saber se os professores têm conseguido tempo para estudar o enorme volume dos PCNs/ Temas Transversais, tempo para se reunir com os colegas e preparar o projeto pedagógico afinado com a comunidade.

Objetivos dos Murais Temáticos

- Tornar a escola mais viva, atual, interessante, mais agradável e mais alegre.
- Passar sempre uma mensagem central positiva, informando e formando o cidadão, estimulando-o a exercer sua cidadania.
- Atualizar conceitos e derrubar preconceitos.
- Informar fatos relevantes sobre o tema, com os prós e contras.
- Divertir a comunidade escolar por meio de curiosidades, ditados populares, folclore, charges e piadas.
- Provocar reflexões e discussões sobre temas URGENTES: drogas, AIDS, gravidez precoce, racismo, machismo, a necessidade do respeito mútuo, da solidariedade e da busca por justiça pelo conhecimento e o diálogo.

Os murais trazem vantagens, como:

- são atrativos, por terem um visual muito ilustrado;
- são fáceis de ler, pois estão à altura dos olhos;
- são informais, os alunos o leem quando querem;
- são de uso geral, a escola inteira tem acesso ao mesmo tema.

Esquema básico de todos os murais

Todos os temas dos murais acompanharam de perto as datas em que são comemorados. Seguiram mais ou menos o mesmo esquema, como se fossem cadernos de um jornal. Assim, a pessoa interessada se acostuma a procurar sempre no mesmo lugar o caderno que mais lhe interessa ler.

Mensagem central do mural

Localizada sempre na PARTE CENTRAL. Neste espaço foi colocado o título do mural, a data comemorada (quando havia), a mensagem principal e otimista, muita ilustração e um pensamento-chave. Veja um exemplo de um mural de volta às aulas elaborado em 1997:

Mensagem central do Mural de Boas-Vindas

Precisamos de você!

Precisamos formar verdadeiros cidadãos para o mundo que está ficando cada vez menor.

O mundo precisa de:

- gente curiosa e pesquisadora;
- gente útil, que solucione problemas;
- gente de bom caráter;
- gente solidária;
- gente consciente e atuante.

O mundo precisa de VERDADEIROS CIDADÃOS.
O mundo precisa de **VOCÊ!**

> *"Faça seu próprio sonho.
> Pense globalmente, atue localmente."*
> (John Lennon)

Para você refletir...

A lateral esquerda do mural ficou reservada a: fatos reais, recortes, conceitos, pensamentos, reflexões e poesias sobre o tema.

Para você se divertir...

Na lateral direita do mural, foram divulgados: brincadeiras, curiosidades, ditados populares, músicas, piadas, charges, cruzadinhas e adivinhas sobre o tema.

Reação dos alunos

A beleza da mensagem central, a farta ilustração, os artigos sérios para reflexão e as brincadeiras para relaxar despertaram o interesse e a curiosidade por estes murais. Os murais eram aguardados até com ansiedade. Vi muitas alunas copiando frases, vi serventes curtindo fotos e analisando dizeres e vi também professores levando os alunos para pesquisarem nos murais.

Os alunos participaram como observadores e leitores desses murais gigantes, que eram muito atrativos. Muitos alunos, principalmente as meninas, traziam alguma colaboração para os murais: gravura, texto, poema, etc.

PCNs / Temas Transversais

Se os Temas Transversais já existissem, estes murais teriam atendido aos seis temas básicos:

- ◆ **Ética**: apareceu em todos os murais, com destaque para os temas *Páscoa: Mudança de Vida, Boas-Vindas, Boas Maneiras e Contra a Violência/a Favor da Paz;*

- ◆ **Meio-Ambiente**: *Dia Mundial do Meio Ambiente e Problemas do Lixo e do Desperdício, Dia Mundial dos Animais;*

- ◆ **Orientação Sexual**: *Aids: uma doença sem fronteiras, Dia dos Namorados com reflexões sobre o Amor e Gravidez Precoce;*

- ◆ **Saúde:** *Dia Mundial da Saúde, Contra o Alcoolismo e outras Drogas, Esportes e Copa do Mundo;*

- ◆ **Pluralidade Cultural:** *Dia da Consciência Negra, Índio não é Folclore!, Dia do Idoso, Por que foi criado o Dia Internacional da Mulher?, Folclore não é só Lenda!, Festa Junina, Dia da Língua Nacional, Dia das Religiões com Reflexões sobre a Morte, Dia da Música;*

- ◆ **Trabalho/Consumo**: *Dia do Trabalho e pela Reforma Agrária, Sem Emprego... Por quê?, Dia do Estudante com sugestão de Cursos e Profissões, Boas Maneiras com reflexões sobre Moda e Consumismo.*

Murais Temáticos semanais – 1997

Escola Municipal Oswaldo Cruz (EMOC)

Primeiro bimestre

1 . Boas-Vindas.
2 . Contra o Alcoolismo e outras Drogas.
3 . Por que foi criado o Dia Internacional da Mulher?
4 . AIDS: uma Doença sem Fronteiras.
5 . Páscoa: Mudança de Vida.
6 . Contra a Violência.
7 . Índio não é Folclore!

Segundo bimestre

8 . Dia do Trabalho e pela Reforma Agrária.
9 . Dia das Mães.
10 . Encontro das Américas.
11 . Dia da Língua Nacional.
12 . Dia Mundial do Meio Ambiente.
Dia dos Namorados (em 1998, Copa do Mundo – França).
14 . Festa Junina.
15 . Opções de Lazer para as FÉRIAS.

Terceiro bimestre

16 . Dia dos Pais e do Patrono da Escola.
17 . Dia do Estudante.
18 . Folclore não é só Lenda!
19 . Dia do Artista.
20 . Semana da Pátria (em 1998, Eleições).
21 . Riqueza x Pobreza.
22 . Dia da MAIORidade: a terceira.

Quarto bimestre

23 . Dia Mundial dos Animais / Dia de São Francisco de Assis.
24 . Dia das Crianças.
25 . Boas Maneiras.
26 . Religiões e reflexões sobre a Morte.
27 . Dia Nacional da Consciência Negra.
28 . Dia da Música e do Músico.
29 . BH – 100 anos e EMOC – 25 anos (em 1998, Natal e família).

Produtos finais: conclusões dos Murais Temáticos

Onze destes murais foram publicados na *Revista AMAE- Educando* de agosto de 1998 a agosto de 2001. Apareceram também em reportagem da *Revista Nova Escola,* intitulada de *O silêncio vai acabar,* em março de 1999. Alguns destes murais foram expostos no Minascentro durante um encontro de professores municipais em agosto de 1998.

A pedido dos professores, os murais de 1998 passaram a ser quinzenais. Eles alegaram que uma semana era muito pouco para os murais serem lidos ou trabalhados por eles.

Embora já estivesse aposentada, voltei à minha escola em 1999 para montar o Mural da *Campanha da Fraternidade da CNBB: Sem emprego... por quê?*

A maior dificuldade foi fazer todos os murais praticamente sozinha, pois não podia mais contar com os cartazes dos alunos, como no período de 1982 a 1993, quando tínhamos aulas dedicadas à Moral e Cívica e OSPB. Tive muito trabalho, mas foi um trabalho bom para quem via e gratificante para mim. Outra dificuldade, como foi dito anteriormente, foi encontrar até o ano de 1998 muitos negros de sucesso em revistas e jornais para ilustrar os murais.

Sugiro que os murais sejam feitos em rodízio. Os temas devem ser definidos no início do ano e cada área ou professor escolhe o seu. Melhor seria se os alunos fizessem os murais, pois além de mostrarem sua criatividade, estarão também aprendendo muito. Quem faz sempre aprende.

4

MURAL DA CONSCIÊNCIA NEGRA
Mural Temático realizado no mês de novembro

Objetivos específicos

- Resgatar a verdadeira história do povo negro no Brasil.
- Resgatar a autoestima das crianças e jovens negros.
- Resgatar a figura de Zumbi e de outros líderes mundiais na luta por justiça.
- Evitar estereótipos.
- Sensibilizar os alunos para a valorização dos seres humanos, e não da etnia ou da raça, por meio da prática do respeito à diversidade étnica e cultural.

No *Mural da Consciência Negra* de 1997, meu objetivo era falar dos problemas enfrentados pela raça e também engrandecer a raça com bons exemplos para modificar a visão estereotipada que se faz dos negros. Para diminuir estes estereótipos, procurei colocar somente exemplos de negros que VENCERAM pela INTELECTUALIDADE, pelo estudo e não, exclusivamente, pelo talento natural (da voz, da beleza ou de ser atleta).

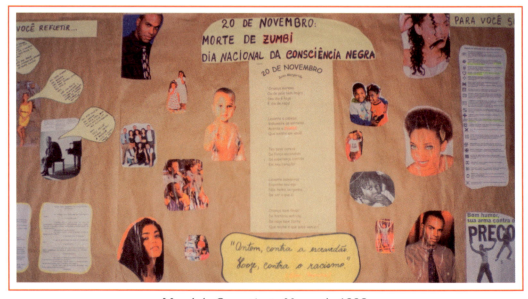

*Mural da Consciência Negra de 1998
com a mensagem central e repleto de ilustrações*

Mensagem central

Mural da Consciência Negra de 1998

20 de novembro – Morte de Zumbi
Dia Nacional da Consciência Negra

20 DE NOVEMBRO
Rosa Margarida

Criança morena
ou de pele bem negra
Seu dia é hoje
É dia de raça!
    Levante a cabeça
    Vislumbre as estrelas...
    Acorde o Zumbi
    Que existe em você!
Teu povo carece
Da força escondida
Da esperança contida
Em seu coração!
    Levante bandeiras
    Exponha seu ego
    Não tenha vergonha
    De ser o que é:
Criança bem linda!
De história sofrida...
De raça bem forte
Que soube e que sabe vencer!

Ontem, contra a escravidão.
Hoje, contra o racismo.
Diva Moreira

Para você se divertir...

Parte lateral direita do mural e outros espaços:

- música *Lavagem Cerebral, de* Gabriel, o Pensador;
- trechos de músicas de Gilberto Gil, Caetano Veloso, Paulinho Camafeu, Milton Nascimento, Sandra de Sá, John Lennon e Louis Armstrong;
- fotografias de negros que venceram pelo estudo com legenda explicativa e o título: NEGROS AJUDANDO A CONSTRUIR UM NOVO BRASIL (só este assunto deu origem a três cartazes);
- contribuições dos africanos a nossa cultura com algumas ilustrações;
- relação de filmes com o título: NÃO DEIXEM DE VER! *Um grito de liberdade, O poder de um jovem, Mississipi em chamas, Ao mestre com carinho, Adivinhe quem vem para jantar e Malcom X;*
- cartaz DÊ SUA OPINIÃO: *Black and White – Yes or no?* No cartaz havia espaço para os alunos opinarem sobre casamentos inter-raciais.

Para você refletir...

Parte lateral esquerda do mural e outros espaços:

- fatos e fotos dos líderes dos negros contra o racismo e as injustiças: Jesus Cristo, Mahatma Gandhi, Zumbi, Martin Luther King, Malcom X e Nelson Mandela;
- cartaz com ilustrações de pessoas discriminadas explicando, em balões, o motivo da discriminação;
- poesia *Dia Nacional da Negritude*, de Sueli Ferreira de Oliveira;
- relação de datas importantes para a comunidade negra;
- poema *Rap de Maio*, de Joel Malaquias de Oliveira;
- depoimentos de dois alunos: um desabafando os preconceitos sofridos e o outro se amando por ser negro;
- frases ou trechos de textos para reflexão;
- terminologia necessária para combater os preconceitos raciais com o título: *Você precisa saber...* (ver quadro de termos na página 14).

Ainda para reflexão, os cartazes abaixo foram colocados em locais estratégicos da escola:

Dizem que nós **não respeitamos:**

- os negros,
- as mulheres,
- os idosos,
- os portadores de HIV,
- os feios,
- os gordos,
- os índios,
- os homossexuais,
- as crianças,
- os pobres,
- os medíocres,
- os deficientes.

Então, nós respeitamos e valorizamos quem?

RESPEITO.
É BOM E EU GOSTO!

Aliás, eu exijo!

Eu exijo respeito, porque:

1. primeiro, eu respeito a mim mesmo;
2. segundo, eu respeito as outras pessoas;
3. terceiro, eu respeito a natureza;
4. quarto, eu respeito as coisas públicas: praças, quadras, paredes, etc.

Reação dos alunos

No **Mural da Consciência Negra**, era visível a satisfação dos alunos em ver tantos negros com sucesso financeiro e profissional. Bons exemplos sempre nos engrandecem e nos trazem esperança, otimismo e orgulho, o que deve ter colaborado para aumentar a autoestima dos "espectadores".

Os alunos mostraram muito entusiasmo por participarem deste mural, dando suas opiniões. Os cartazes espalhados pela escola para que opinassem sobre os casamentos inter-raciais foram preenchidos logo e considerados um sucesso.

5

ÁLBUM DA CONSCIÊNCIA NEGRA
Material didático para uso do professor

Justificativa e objetivos

A falta de material didático para ajudar os alunos a perceberem a luta dos negros na busca do seu verdadeiro espaço levou-me a criar minha própria metodologia e o meu material didático. Ao garimpar em várias fontes, acabei organizando um caderno com fotos e fatos relevantes sobre a luta dos negros: o **Álbum da Consciência Negra.** Este material didático, simples, prático e de fácil manuseio, foi utilizado em minhas aulas expositivas. Hoje este material se transformou em três pastas ou álbuns.

Este álbum era o meu material didático de conscientização sobre o tema. Não pedi aos alunos que fizessem um igual. Para eles, lancei um desafio, que foi diferente para cada série, chamado de *Geografia de Gente Famosa*. (Ver o próximo capítulo.)

Devido à praticidade do álbum, um material visual simples, acabei organizando outros álbuns para a área de Geografia: *Brasileiros Famosos, Gente Famosa do Mundo, Região Sudeste, Região Nordeste, Europa, América Latina, Estados Unidos e Japão*. Veja a foto abaixo:

Álbuns e alguns livros utilizados para a conscientização dos alunos

Com este álbum, esperava sensibilizar os alunos para o tema, levando-os a:

- resgatar a autoestima;
- engrandecer a raça com exemplos de personalidades famosas que venceram;
- resgatar a figura de Zumbi e de outros líderes mundiais na luta por justiça;
- apresentar a figura de Hitler e alguns fatos racistas;
- contradizer os estereótipos;
- conscientizar-se de que não há lógica científica nas ideias racistas.

Alguns livros e algumas páginas do Álbum da Consciência Negra com fotos de personalidades e fatos relevantes sobre o tema

Produtos finais

Normalmente, gastava uma aula para apresentar o *Álbum da Consciência Negra* aos alunos das 7ª e 8ª séries. Quando acabava a minha exposição, muitos alunos pediam para ver o meu caderno de perto. A cada página olhada deste caderno, a admiração e a satisfação destes alunos de periferia aumentavam, pois viam algo que nunca haviam visto: negros muito ricos e bem vestidos. Este caderno foi tão manuseado que tive de desmanchá-lo e passar suas folhas para uma pasta, porque ficou muito gasto.

Uma das melhores maneiras que encontrei para medir os frutos do meu trabalho foi ver aquele aluno cabisbaixo e tímido no início do ano, apresentando, ao final do ano, a cabeça erguida e os olhos mais brilhantes.

6

GEOGRAFIA DE GENTE FAMOSA

Álbuns ou cartazes feitos pelos alunos

Geografia de Gente Famosa: Negros Famosos

Justificativa e objetivos

Devido à praticidade do Álbum da Consciência Negra, um material visual simples, acabei organizando os álbuns para a área de Geografia, já citados no capítulo anterior. A partir disso, resolvi trabalhar esta ideia com os alunos com o objetivo de levá-los a aprender Geografia de maneira diferente e divertida, localizando país, Estado ou cidade das personalidades encontradas e também levá-los a se conscientizar da existência de muitas personalidades intelectuais do sexo feminino e da raça negra.

Metodologia

Para motivá-los, mostrava um ou dois álbuns já prontos. Logo depois, lançava um desafio chamado *Geografia de Gente Famosa*. Os alunos participavam como pesquisadores de gente famosa em revistas e jornais e como entrevistadores, até descobrirem gentílico e profissão dos famosos para organizarem álbuns ou cartazes.

Uma observação: como a comunidade no local onde trabalhei era muito pobre, o álbum ou o cartaz individual era inviável, principalmente porque eles não tinham revistas em casa. Estes trabalhos foram feitos em grupos, mas o ideal seria que cada aluno montasse o seu próprio material.

Tivemos que nos utilizar de variadas revistas para recorte, livros de Geografia para pesquisa e o *Almanaque Abril*, principalmente para descobrir o local de nascimento das personagens e também pesquisar suas biografias. A maior dificuldade encontrada antes de 1998 foi achar negros de sucesso em revistas e jornais. Para o meu álbum, passei a comprar a *Revista Raça* para recortar, assim que ela foi lançada.

Instruções gerais para o trabalho de *Geografia de Gente Famosa:*

- acrescentar legenda para apresentar as personalidades encontradas: nome, gentílico, profissão e alguma curiosidade (se houver);

- obrigatoriedade de colocar 20% ou mais de mulheres e 20% ou mais de negros;

- para as personalidades, priorizar inteligência, esforço, caráter e luta por alguma causa nobre, como, por exemplo: filósofo, educador, religioso, cientista, músico compositor, maestro, músico instrumentista, músico vocalista, escritor, político, ator, atleta, etc.

Pedi que evitassem colocar no trabalho pessoas famosas apenas pela beleza física, pela beleza da voz ou pelo dom natural de ser atleta.

Geografia de gente famosa do Brasil

Para a 5ª série: cartaz em grupos

- Cada grupo recebe um mapa do Brasil e deverá encontrar vinte brasileiros famosos de diferentes Estados (até três personalidades por Estado). Colar o mapa no centro do cartaz, as fotos dos famosos próximo de seus Estados, ligá-los com uma seta, fazer legenda abaixo de cada foto e colorir somente os Estados brasileiros onde as personalidades nasceram.

- Exemplo 1: Aleijadinho, mineiro, arquiteto e escultor (colorir Minas Gerais).

- Exemplo 2: Irmã Dulce, baiana, religiosa e voluntária em trabalhos sociais (colorir a Bahia).

- Exemplo 3: Djavan, alagoano, cantor e compositor (colorir Alagoas).

Geografia de gente famosa no mundo

Para as 7ª e 8ª séries: cartaz em grupos

- Pesquisar gente famosa de vinte países diferentes. Cada grupo recebe um mapa-múndi que deverá ser colado no centro de uma cartolina. Depois deverá colorir e localizar só os países das personalidades encontradas e incluir, no mínimo, quatro negros e quatro mulheres entre os famosos. Fazer legenda e seguir as mesmas instruções do trabalho anterior da 5ª série.
- Exemplo 1: Nelson Mandela, sul-africano, advogado e maior líder vivo do movimento negro (colorir a África do Sul).
- Exemplo 2: Airton Senna, brasileiro, campeão de corrida de carros (colorir o Brasil).
- Exemplo 3: Bob Marley, jamaicano, cantor e compositor, criador do *reggae* (colorir a Jamaica).

Geografia Regional do Brasil
Região Sudeste

Para a 6ª série: álbum em grupos

- Cada grupo deve organizar um álbum contendo mapa da região, bandeira dos Estados, fotos de paisagens, relação dos principais problemas, produtos principais e etiquetas (rótulos), notícias atuais, curiosidades (dos costumes e tradições), times de futebol e dez pessoas famosas da região com legenda, especificando a cidade onde nasceu a pessoa famosa (dois negros e duas mulheres, no mínimo).
- Exemplo 1: Benedita da Silva, fluminense da cidade do Rio de Janeiro, exerce a política.
- Exemplo 2: Roberto Carlos, capixaba de Cachoeiro do Itapemerim, cantor e compositor.
- Exemplo 3: Herbert de Souza, o Betinho, mineiro de Bocaiúva, sociólogo.

A mesma orientação feita para a Região Sudeste vale para as outras regiões do Brasil. A sala é dividida em cinco grupos e cada grupo escolhe uma região para fazer o álbum.

Geografia Regional do Mundo
Os Continentes
Para as 7ª e 8ª séries: álbum

- Dividir a turma em grupos e cada grupo escolhe um continente. As instruções são quase as mesmas da Região Sudeste (6ª série). No caso da Oceania, priorizar mais os aspectos naturais, por causa da dificuldade de encontrar em nossas revistas muita gente famosa deste continente.

- Os alunos deverão organizar um álbum contendo mapa do continente, bandeira de cinco países, fotos de paisagens, relação dos principais problemas, produtos principais, notícias atuais, curiosidades (dos costumes e tradições) e dez pessoas famosas da região, com legenda (procurar colocar mais de duas mulheres e mais de dois negros famosos). Se fosse a Europa, teríamos:

- Exemplo 1: Naomi Campbell, inglesa, modelo das mais bem pagas do mundo (colorir a Inglaterra).

- Exemplo 2: Papa João Paulo II, polonês, foi maior líder da Igreja Católica (colorir a Polônia).

- Exemplo 3: Sofia Loren, italiana, atriz de cinema (colorir a Itália).

Reação dos alunos

De início, os alunos ficaram muito entusiasmados com a ideia de montar um álbum ou cartaz com gente famosa.

Para aqueles que estavam acostumados a ver só reportagens negativas sobre os negros, os alunos ficaram surpresos com o resultado das pesquisas. Sentiram-se orgulhosos do seu trabalho por constatarem a existência de tantas personalidades negras e/ou do sexo feminino com grande sucesso profissional.

No dia da entrega dos álbuns, houve uma troca entre eles e cada grupo pôde apreciar o que o outro grupo produziu. Na Feira da Cultura da EMOC, em dezembro, os álbuns ficaram expostos para a comunidade.

Jogar desafios para os alunos torna as aulas mais dinâmicas e mais interessantes. É muito bom criar oportunidades para o aluno descobrir ou criar conteúdos e poder mostrar o seu talento artístico.

7

HERANÇA AFRICANA
Pesquisa e trabalho com selos postais

Contribuições culturais dos afrodescendentes

A contribuição dos afrodescendentes para nossa cultura foi muito importante, apesar de os negros terem sido obrigados a se aculturarem assim que chegavam ao Brasil. Muitos dos valores perdidos estão hoje sendo resgatados pelo Movimento Negro.

Com relação às contribuições culturais mais elitizadas, várias personalidades negras se destacam na literatura, na música, na escultura, na política, nas ciências, no teatro, nos esportes ou no cinema. Algumas dessas personalidades foram homenageadas em selos postais (ver a página 47).

Dentre as contribuições mais populares, podemos destacar:

- esporte / jogo: capoeira e seus golpes (rabo-de-arraia, rasteira, tesoura e outros), acompanhados do berimbau, do pandeiro e do ganzá;
- danças / festas/ritmos: samba, maracatu, congada, maxixe, afoxé, batuque, baião, coco;
- instrumentos musicais de percussão: reco-reco, atabaque, cuíca, afoxé, bongô, marimba, agogô, tamborim, matraca, pandeiro, tambor, zabumba;
- gastronomia:
  - pratos salgados regionais (feijoada, vatapá, efó, sarapatel, caruru, acarajé, cuscuz, quibebe, abará, xinxim de galinha, acarajé);
  - uso do coco-da-baía, do azeite-de-dendê, da pimenta-malagueta, do feijão preto e do quiabo;
  - doces (cocada, pé-de-moleque, quindim);
- palavras de origem africana: axé, banzé, bengala, xingar, fubá, cachimbo, banana, caçula, cochila, chuchu, macumba, moleque, quitanda, cachaça, catinga, cafuné, cacimba, samba, tanga, quindim;
- religiosidade: Candomblé e Umbanda;
- principais Orixás: Iemanjá, Ogum, Exu, Oxalá, Xangô, Iansã, Oxum, Omulu, Janaína, Obá, Nanã Buruquê, Oxumaré;
- medicina caseira: simpatias, rezas e benzeduras;
- cultura de rua: surgida recentemente e com forte influência dos norte-americanos. Exemplos: bailes *funk, hip hop, rap (rhythm and poetry), rappers, break, DJ, MC,* grafite.

Temas para pesquisa, debate, redação ou jornalzinho

- Sobre a cultura africana, pesquisar o sincretismo entre as divindades africanas, que são os Orixás, e os Santos católicos. Exemplos:
    - Iansã, ou seja, Santa Bárbara, cuja cor preferida é o vermelho;
    - Iemanjá, o mesmo que Nossa Senhora da Conceição, cujas cores preferidas são azul e branco transparente.
- Pesquisar a vida e a obra de dois grandes escritores afrodescendentes do início do século XX: Lima Barreto e Machado de Assis. Descobrir por que Lima Barreto foi um homem triste e revoltado e por que Machado de Assis foi considerado o maior e mais completo escritor brasileiro de todos os tempos.
- Pesquisar no *Almanaque Abril* para fazer uma pequena biografia da vida e obra destes grandes líderes defensores da justiça: Jesus Cristo, Mahatma Gandhi, Zumbi, Martin Luther King, Nelson Mandela e Steve Biko.
- Organizar um jornalzinho sobre a cultura de rua que envolve as populações da periferia. Explicar e exemplificar os seguintes termos: bailes *funk, hip hop, break, rap (rhythm and poetry),* grafite. Destacar o aparecimento de novas profissões como: *rappers, DJ, MC,* grafiteiros.
- Organizar um debate sobre o problema do desemprego no Brasil, gerado pelo conflito entre TECNOLOGIA MODERNA X GERAÇÃO DE EMPREGOS. Um grupo será o dos empresários, a favor da economia globalizada e capitalista, que exige alta tecnologia (e desemprega). O outro grupo será a favor da criação de empregos, cooperativas, mutirões ou associações, para tirar da pobreza quase um terço da população brasileira, muitos deles afrodescendentes.
- Pesquisar sobre a vida de grandes personalidades portadoras de alguma deficiência física que deixaram verdadeiras preciosidades artísticas e culturais. É o caso de Aleijadinho, Camões, Beethoven e Helen Keller.

Atividades com selos postais

Carimbo do primeiro dia de circulação

Trezentos anos da morte de Zumbi dos Palmares

Para levar o aluno a descobrir as contribuições da população negra na formação da identidade brasileira, sugiro um trabalho de pesquisa em nossa Filatelia, isto é, em nossos selos postais. Com esta nova fonte, os alunos podem organizar álbuns, mapas ou cartazes, tornando a construção do conhecimento mais agradável, diferente e criativa.

Como todos os anos, novos selos são emitidos, os Correios estão abertos a sugestões de temas. O professor poderá incentivar os alunos a sugerirem novos selos neste tema e as sugestões mais bem fundamentadas sobre os afrodescendentes poderão ser enviadas para Brasília. Exemplo: fatos relevantes sobre a história de luta dos negros ou personalidades negras (já falecidas) ainda não homenageados pela Filatelia.

Para conhecer ou adquirir selos novos ou usados, os alunos podem procurar as agências filatélicas dos Correios, as casas comerciais especializadas ou consultar a Internet, via *site* dos Correios (www.correios.com.br) ou outros *sites,* utilizando-se da palavra-chave: **filatelia**.

Como minha escola é de periferia, organizei os selos por temas, em páginas de álbuns próprios para selos e levei-os para mostrar aos alunos.

Dia Nacional da Consciência Negra

Conferência Mundial contra o Racismo

HERANÇA AFRICANA NA FORMAÇÃO DA IDENTIDADE BRASILEIRA

Religião (indumentárias de Orixás: Oxumaré, Iemanjá e Xangô), Gastronomia (feijoada), Esportes (capoeira), Contribuição Étnica, Instrumentos Musicais (atabaque, berimbau, pandeiro, tamborim e zabumba)

Fonte: Empresa Brasileira de Correios e Telégrafos

PERSONALIDADES NEGRAS DA LITERATURA, ESCULTURA, CINEMA, MÚSICA, RELIGIÃO E ESPORTES

Machado de Assis, Aleijadinho, Cruz e Souza, Grande Otelo, Clementina de Jesus, Mãe Menininha do Gantois, Pixinguinha, Pelé e Adhemar Ferreira da Silva

Fonte: Empresa Brasileira de Correios e Telégrafos

8

ÁLBUM DE FAMÍLIA: HERANÇAS ÉTNICAS E CULTURAIS

Espelho, espelho meu: a que raça pertenço eu?
Atividade individual

– Espelho, espelho meu: a que raça pertenço eu?
– À raça humana, à espécie *Homo sapiens*.

Os cientistas especializados em Genética – ramo da Biologia que estuda as leis da hereditariedade – chegaram à conclusão de que as diferenças entre grupos das mais distintas etnias são insignificantes. Portanto, geneticamente, somos todos muito semelhantes e todos pertencemos à espécie *Homo sapiens*, a espécie dos seres racionais. As poucas diferenças genéticas se refletem no fenótipo – que é o aspecto físico externo –, na tonalidade da pele, no formato do nariz, na estatura, no tipo e cor de cabelo. Estas pequenas ou grandes diferenças no genótipo e no fenótipo são suficientes para tornar cada um de nós um ser único, pois não há outro igual na face da Terra. Cada um tem sua história familiar e sua herança étnica e cultural.

Para organizar este álbum, cada aluno deve entrevistar familiares, pesquisar documentos, anotá-los no caderno, colar uma foto dele na primeira página e uma cópia da Certidão de Nascimento na segunda página. Na terceira, desenhar a árvore genealógica de sua família. Fazer uma capa bem bonita para o Álbum de Família.

Como sugestão, os alunos poderão identificar:

- na Certidão de Nascimento, o local e a data de nascimento (hora, dia, mês e ano) e ainda os nomes dos avós maternos e paternos;
- o grupo racial e o grupo étnico com seus traços físicos e a origem geográfica, incluindo a cidade, a região, o Estado ou o país de origem de sua família. Fazer no caderno um mapa traçando os caminhos de sua família ou do seu grupo étnico;
- os principais traços culturais do seu povo: idioma, religião, cerimônias típicas, festas folclóricas, hábitos alimentares, bebidas típicas, opções de lazer, esportes mais utilizados, profissões típicas, objetos típicos, instrumentos musicais, danças, ritmos, condição financeira, como são tratados os idosos e as mulheres, nível de instrução comum no grupo, etc.;
- acrescentar as particularidades da família, como algumas receitas típicas e também algumas das orações tradicionais.

9

QUESTÕES DE MÚLTIPLA ESCOLHA

As questões de múltipla escolha e as questões com resposta direta e fechada facilitam o trabalho de avaliação do professor, uma vez que os resultados podem ser observados simultaneamente ou logo após a atividade. Quando estas questões exigem respostas curtas, pode-se também utilizá-las em jogos. Os alunos podem responder às questões oralmente, podem escolher apenas a letra certa ou podem ainda respondê-las utilizando-se de fichas com a terminologia (veja a página 14 deste livro). Nesta última opção, o professor pode embaralhar as fichas, fazer a pergunta e organizar o jogo de "Achar mais depressa".

Questões para avaliação ou jogos

Questão 1 - Como se chama a crença na superioridade biológica, cultural e moral de uma raça sobre a outra?

a) Preconceito.

b) Discriminação.

c) Segregação.

d) Racismo.

(*Resposta:* letra D)

Questão 2 - Assinale a opção FALSA:

a) A discriminação é uma das consequências do racismo.

b) O racismo é causado por preconceitos.

c) A miscigenação sempre leva ao racismo.

d) A segregação racial é uma política que visa à separação de raças.

(*Resposta:* letra C)

Questão 3 - Que nome se dá ao grupo racista brasileiro que é contra os negros, os judeus, os homossexuais e os nordestinos? _____

(*Resposta: Skinheads* ou Carecas do ABC)

Questão 4 - Nome dado à organização racista que prega a superioridade da raça branca norte-americana, utiliza métodos violentos contra negros, latinos, asiáticos, judeus e homossexuais.

a) *Skinheads.*

b) Separatistas.

c) Nacionalistas.

d) *Ku Klux Klan.*

e) Adeptos da xenofobia.

(*Resposta:* letra D)

Questão 5 - Sobre o termo raça e etnia, assinale a opção FALSA:

a) Os índios brasileiros originam-se de apenas um grupo étnico.

b) O povo brasileiro é formado basicamente por três raças.

c) Vários grupos étnicos brasileiros vieram da Europa.

d) O povo brasileiro possui várias origens étnicas.

(Resposta: letra A)

Questão 6 - Proibidos de se manifestar durante quase trezentos anos, os afro-brasileiros vêm, aos poucos, conquistando seu verdadeiro espaço na sociedade. Assinale qual dos fatos abaixo ainda NÃO representa uma conquista dos afrodescendentes:

a) A criação de leis específicas contra o racismo.

b) A criação de grupos de discussão e de conscientização da negritude como o Movimento Negro Unificado.

c) O resgate da imagem do líder negro Zumbi dos Palmares, tornando o dia de sua morte, 20 de novembro, como o Dia Nacional da Consciência Negra.

d) O acesso fácil dos negros à universidade graças à ótima qualidade das escolas públicas brasileiras.

(Resposta: letra D)

Questão 7 - Vamos fazer Geografia com gente famosa? Se o escritor Machado de Assis era carioca, o cantor/compositor Netinho é paulistano e o ex-jogador de futebol/ex-ministro Pelé é tricordiano, analise as conclusões abaixo e assinale a única opção VERDADEIRA.

a) Os adjetivos carioca, paulistano e tricordiano relacionam-se ao Estado de nascimento.

b) Paulistano é aquele que nasce em qualquer cidade do Estado de São Paulo.

c) Estes negros famosos nasceram nas cidades do Rio de Janeiro, São Paulo e Três Corações.

d) Carioca é todo aquele que nasce no Estado do Rio de Janeiro, quer seja na cidade de Campos, Niterói ou Nova Friburgo.

(Resposta: letra C)

Questão 8 - Com relação aos quilombos, qual das opções abaixo é FALSA?

a) Os escravos que fugiam se organizavam socialmente em espaços escondidos: os quilombos.

b) Em vários Estados do Brasil, ainda hoje existem quilombos.

c) Zumbi atuou no Quilombo de Palmares, localizado na Bahia.

d) Ao conquistarem o direito de posse da terra, pode-se dizer que os quilombolas conseguiram novamente o seu território.

(Resposta: letra: C)

Avaliação por meio de textos

As avaliações por meio de texto são uma excelente forma de provocar aprendizado, visando promover mudanças de comportamento, quer seja na área do conhecimento e das habilidades intelectuais, quer seja na área afetiva, despertando novos interesses, atitudes e valores.

Em Geografia, na 8ª série, ao estudarmos os Estados Unidos, escolhi um texto para ser lido e analisado individualmente. Os alunos deveriam interpretá-lo e resolver as questões propostas. Os alunos gostaram tanto das palavras de Martin Luther King, que resolvi repetir esta atividade e repassar a ideia a outros professores. É muito interessante aproveitar a hora silenciosa e tranquila de uma avaliação para que os alunos aprendam novos conhecimentos. Observação: por ser apenas uma exemplificação, não foram colocadas todas as questões utilizadas na avaliação.

Primeiro texto

Questão 1 - Leia o texto da página seguinte mais de uma vez. Depois leia as questões propostas sobre o texto e escreva nos parênteses as letras:

C - Se a afirmativa for totalmente CORRETA.

F - Se a afirmativa for FALSA.

U - Se a afirmativa não pode ser analisada dentro deste texto, porque ULTRA-PASSA o seu conteúdo.

(   ) Martin Luther King não queria que, após a sua morte, dissessem que ele tentou amar   e servir à humanidade.

(   ) Martin Luther King foi um pastor norte-americano e líder negro que lutou contra o racismo.

(   ) Para Luther King, o denominador comum de todos nós é a morte.

(   ) O grande líder antirracista preocupava-se em juntar riquezas.

(   ) Ele se considerava um mensageiro da justiça, da paz e do direito.

(   ) Martin Luther King recebeu o Prêmio Nobel da Paz.

(Respostas: F – U – V – F – V – U)

Trecho do último discurso de Martin Luther King

"Frequentemente imagino que todos nós pensamos no dia em que seremos vitimados por aquilo que é o denominador comum e derradeiro da vida, essa alguma coisa a que chamamos morte.

Frequentemente penso em minha própria morte e em meu funeral, mas não num sentido angustiante.

Frequentemente pergunto a mim mesmo o que é que eu gostaria de que fosse dito. Então, deixo aqui com vocês a resposta.

Se vocês estiverem ao meu lado quando eu encontrar meu dia, lembrem-se de que não quero um longo funeral.

Se vocês conseguirem alguém para fazer uma oração fúnebre, digam-lhe:

- para não falar muito;
- para não mencionar que eu tenho trezentos prêmios (isso não é importante);
- para não dizer o lugar onde estudei.

Eu gostaria de que alguém mencionasse aquele dia em que:

- eu tentei dar minha vida a serviço dos outros;
- eu tentei amar alguém;
- eu tentei ser honesto e caminhar com o próximo;
- eu tentei visitar os que estavam na prisão;
- eu tentei vestir um mendigo;
- eu tentei amar e servir à humanidade.

Sim, se quiserem dizer algo, digam que **eu fui arauto*** da justiça, arauto da paz, arauto do direito.

Todas as outras coisas triviais não têm importância.
Não quero deixar para trás nenhum dinheiro, nem coisas finas e luxuosas.
Só quero deixar para trás uma vida de dedicação.

E isto é tudo o que tenho a dizer: **SE EU PUDER**

- ajudar alguém a seguir adiante;
- mostrar a alguém o caminho certo;
- levar a salvação para alguém;
- animar alguém com uma canção;
- cumprir o meu dever de cristão;
- divulgar a mensagem que o Senhor deixou; então,

minha vida não terá sido em vão!"

* Vocabulário: arauto = mensageiro.

Segundo texto

Leia o trecho do *rap Lavagem Cerebral*, feito por Gabriel, o Pensador, e depois faça o que se pede.

"Não seja um imbecil! Não seja um Paulo Francis. Não se importe com a origem ou a cor do seu semelhante. *O que que importa se ele é nordestino e você não?* O que importa se *ele é preto e você branco?* Aliás, branco no Brasil é difícil, porque no Brasil somos todos mestiços. Se *você discorda, então olhe para trás. Olhe nossa história, os nossos ancestrais. O Brasil colonial não era igual a Portugal. A raiz do meu país* era multirracial. Tinha índio, branco, amarelo, preto. Nascemos mistura; então, por que o preconceito? Barrigas cresceram, o tempo passou... Nasceram os brasileiros cada um com sua cor. Uns com pele clara, outros mais escura, mas todos viemos da mesma mistura. Então, presta atenção nessa sua babaquice, pois, como eu já disse, racismo é burrice. Dê à ignorância um ponto final: faça uma lavagem cerebral."

Questão 1 - Qual das opções abaixo NÃO está de acordo com este trecho do *rap* de Gabriel, o Pensador?

a) Porque somos mestiços, não existe racismo no Brasil.

b) A raiz do nosso País é multirracial.

c) O racismo é ignorância e a ignorância tem que ter ponto final.

d) O autor trata neste trecho da formação étnica do povo brasileiro.

(*Resposta:* letra A)

Questão 2 - Qual das opções abaixo está de acordo com este trecho do *rap* de Gabriel, o Pensador?

a) Nós, brasileiros, somos muito semelhantes quanto aos aspectos físicos.

b) A origem e a cor das pessoas devem ser sempre muito importante.

c) Como o Brasil é multirracial, as raças convivem cordialmente.

d) Por causa da mestiçagem, é difícil encontrar raça pura no Brasil.

(*Resposta:* letra D)

10

REFLEXÕES: PENSAMENTOS E TEXTOS

Pensamentos para você refletir...

- *O preconceito é filho da ignorância.* (Haslitt)
- *Sempre considerei um mistério a capacidade dos homens de se sentirem honrados com a humilhação de seu semelhante.* (Mahatma Gandhi)
- *I have a dream... that my four little children will one day live in a nation where they will not be judged by the color of their skin, but by the content of their character...* (Eu tenho um sonho... que minhas quatro pequenas crianças viverão um dia numa nação onde elas não serão julgadas pela cor de sua pele, mas pelo tipo de seu caráter.) (Martin Luther King)
- *Truth and justice for all!* (Verdade e justiça para todos.) (Martin Luther King)
- *Injustiça social, pobreza, racismo e guerra estão indissoluvelmente unidos.* (Martin Luther King)
- *"Nunca perdi a esperança de que essa grande transformação viria a ocorrer. Não apenas por causa dos grandes heróis que já mencionei, pela coragem dos homens e mulheres comuns do meu país [...] Ninguém nasce odiando outra pessoa pela cor de sua pele, ou por sua origem ou sua religião. Para odiar, as pessoas precisam aprender, e se elas podem aprender a odiar, podem ser ensinadas a amar, pois o amor chega mais naturalmente ao coração humano do que o seu oposto. A bondade humana é uma chama que pode ser oculta, jamais extinta."* (Nelson Mandela)
- *Só haverá democracia plena onde as mulheres e os negros conquistarem seu espaço e construírem a sua verdadeira cidadania.* (Heleith Saffioti)
- *As mulheres são a última esperança para salvar o mundo.* (Franz Schurmann)
- *É de piada racista que o povo acha graça, o preconceito resiste porque se repassa.* (Sílvia Teixeira de Matos)
- *"Trabalhar para a paz é criar um clima de entendimento e compreensão entre todos os homens, povos e nações. Para isto, é necessário o diálogo, reciprocidade e correspondência nas relações pessoais. [...] Não pode haver paz sem justiça. [...] Precisamos resolver nossos problemas através do diálogo e da não violência."* (Adaptado de M. A. Gonçalves)
- *O que dá oportunidade aos maus é a omissão dos bons.* (Papa Pio XII)

Texto: Brasil 500 anos

"Nesta reflexão dos 500 anos do Brasil, até a Igreja Católica pediu desculpas aos negros e aos índios por ter permitido a escravidão e o massacre dos povos. Está na hora também de vermos nossos livros didáticos reformulados e atualizados. Como exemplo, posso citar uma data que se aproxima: o dia 13 de maio. Por favor, não falem mais da Princesa Isabel como a grande redentora dos escravos e a grande merecedora de elogios por ter abolido a escravidão! O mérito não foi dela! Coube a ela a função de assinar o documento! À luz da razão, que importância ela teve na luta contra a escravidão? Qual foi a participação dela nos movimentos abolicionistas? Infelizmente, todos sabem que o dia 13 de maio de 1888, na verdade, representou para o negro uma liberdade fictícia, pois, a partir daí, os negros ficaram sem patrão e sem condições de sobreviver numa sociedade na qual eram mão-de-obra sem qualificação. Perderam sua moradia, seu trabalho e sua alimentação. É por isso que a data que realmente homenageia a bravura da raça negra na luta contra a escravidão é o dia 20 de novembro, data em que foi assassinado o grande líder negro Zumbi, do Quilombo de Palmares. Há muitos livros didáticos e muitas agendas que ainda não mencionam o 20 de novembro. Além de Zumbi, é preciso resgatar também o nome de outros negros que se destacaram na história brasileira: o escultor e arquiteto Aleijadinho, o engenheiro André Rebouças, o político José do Patrocínio, o escritor Lima Barreto e tantos outros (também escritores, poetas, políticos, grandes compositores e grandes músicos).

Estou cansada de ler nos livros didáticos sempre a mesma história: que o Brasil não é uma democracia racial como se pensava, que os negros são os mais pobres do Brasil, que os negros recebem os menores salários, que os negros são os que menos estudam. E daí? Onde são analisadas as causas deste atraso? Em lugar nenhum dos livros didáticos! Com estes fatos soltos, tem-se a nítida impressão de que os negros são menos capazes... É necessário esclarecer que, além da escravidão, pesou muito o racismo criado pela elite economicamente dominante para justificar a escravidão. E, até hoje, estas idéias racistas estão sendo divulgadas. Muitas crianças negras "aprendem na escola" a ter auto-estima negativa. Incoerente, não? Logo a escola que deveria ter a função de ensinar as verdades e libertar as crianças dos medos, dos preconceitos e das mentiras que trazem de casa. É preciso que se escreva com todas as letras nos livros didáticos: **não há lógica científica nas teorias racistas. A cor da pele, o tipo de cabelo ou o formato do nariz não definem o caráter nem a inteligência das pessoas!**

Com relação ao indígena, ele ainda é muito encarado como 'artigo de folclore'. É preciso conhecer, respeitar e valorizar os índios como povo, como gente, como nação. Gente que possui problemas. Muitos problemas. Problemas de extermínio, de saúde, de sobrevivência, de falta de terras... Logo eles que eram os donos legítimos de tudo... Foram enganados. Muitos se aculturaram para sobreviver. É preciso explicitar as causas desses problemas. É preciso citar grandes nomes que trabalharam em prol dos índios: Irmãos Vilasboas, Marechal Rondon, Darcy Ribeiro. É preciso também reconhecer as imensas contribuições culturais que eles deram à nossa formação como povo brasileiro.

Para finalizar, quero citar apenas três conclusões (de um total de 589) tiradas do *Seminário Legislativo sobre Direitos Humanos e Cidadania* realizado em Minas Gerais, em agosto de 1998. Sobre os negros:

- *Fazer constar nos livros didáticos a história e as lutas do povo negro na construção do nosso país, eliminando estereótipos e discriminação.*

- *Tornar, mediante lei, o dia 20 de novembro feriado pelo Dia da Consciência Negra, em ato de reconhecimento à contribuição do povo negro ao Estado.*

- *Incluir nos currículos escolares do Ensino Fundamental ao Superior no Estado de Minas Gerais a história da África e da diáspora, bem como a história do povo negro brasileiro."*

(Artigo da autora publicado no Jornal *Estado de Minas* em 20/4/2000)

Texto: Você é racista?

"Não se culpe. Provavelmente foram seus pais que lhe ensinaram o que eles também aprenderam. A gente aprende as idéias mais absurdas desde criancinha e nunca parou para analisar seus fundamentos. Como é que pode alguém acreditar que **todas as pessoas da sua raça são melhores, mais inteligentes e mais bonitas que todas as pessoas da outra raça?** Até numa mesma família, há casos de filhos do mesmo pai e da mesma mãe que são completamente diferentes uns dos outros! É por isso que estas teorias racistas, totalmente infundadas, não encontram respostas nas ciências. Não há ciência que sustente que uma raça seja superior a outra. Não se pode confundir herança biológica com herança cultural. As teorias racistas se baseiam no 'determinismo biológico', que é totalmente falso. A cor da pele, o tipo de cabelo ou o formato do nariz não definem o caráter e nem a inteligência das pessoas. [...]

Ser o racista é mais cômodo, o difícil é ser o discriminado, o excluído e o humilhado. Já dizia Mahatma Gandhi: *'Sempre considerei um mistério a capacidade dos homens de se sentirem honrados com a humilhação de seu semelhante'*. O racismo é irracional. Além de injusto e mentiroso, o racismo é vergonhoso. Ele provoca discussões inúteis, humilhações, brigas entre pessoas, entre grupos e entre países. É também o causador das brigas entre grupos étnicos de uma mesma raça. É o gerador também de brigas entre religiões. Hitler queria destruir o grupo religioso dos judeus. Portanto, o racismo é um mal, causador de guerras e como todo mal, ele deve ser eliminado. **O racismo é um verdadeiro câncer ideológico e de proporções mundiais.** Deve ser atacado até ser destruído.

O primeiro passo para se combater o racismo é reconhecer que ele existe. Se você acha que no Brasil não existe racismo e que vivemos numa democracia racial, pergunte aos negros de seu convívio ou vá a qualquer escola de periferia e pergunte às crianças e aos jovens. O segundo passo é tentar entender por que sua família é racista. Lembre-se: um fato ruim acontecido com UMA pessoa não pode ser generalizado para todos da mesma raça. Cada um é cada um. As pessoas são diferentes umas das outras. O terceiro passo é ler e refletir. Ler bastante para adquirir conhecimentos que derrubem o racismo. O conhecimento é o melhor remédio contra o racismo. Se não puder ler nos livros, leia na vida. Observe. Compare. Há muito folclore em tudo. Há muitas generalizações indevidas. Não aceite mentiras.

Ser racista por herança é aceitável. Continuar racista é ignorância, no sentido mais puro da palavra.

Quero deixar como sugestão a leitura do livro *Não vi e não gostei – O fenômeno do preconceito"*, de Renato da Silva Queiroz (Editora Moderna). Linguagem simples, livro objetivo e muito esclarecedor sobre o assunto.

Para finalizar, gostaria de lembrar que, no próximo dia 20 de novembro, em homenagem a Zumbi, comemoraremos o *Dia Nacional da Consciência Negra*. Uma boa hora para refletirmos sobre o assunto. [...] Aproveito para lembrar que todo ano trocamos mensagens de paz pelo Natal e Ano-Novo. Que tal levarmos a sério esta tal desta paz? Vamos fazer algo concreto pela paz! Vamos trabalhar nos finais de ano contra os preconceitos. Fiquemos só com os conceitos. Vamos jogar fora as idéias falsas! Vamos trabalhar por justiça, eliminando as idéias injustas que nos rodeiam. Paz só se faz com justiça. Então, muita justiça para você no final de ano!"

(Artigo da autora publicado no Jornal *Estado de Minas* em 14/11/2000)

Texto: Eu sou uma mulher negra

Diva Moreira

"Não importa se a cor da minha pele é mais ou menos negra, o que importa é que sou filha do ventre fértil da mãe África. Pertenço também a uma linhagem sagrada: a das filhas de Deus. Este Deus me ama, me sustenta e me concedeu a bênção de ser negra.

Foi Ele que me tomou pelo colo com suas mãos delicadas e teceu o meu cabelo, tornando-o este intrincado labirinto de fios. Foi Ele que chamou a minha raça para ser a mãe da humanidade inteira e coloriu a minha pele com o tom suave e quente da noite. Para respirar gulosas porções de ar e o cheiro doce de manacá e da murta, Deus tornou largo o meu nariz inundando de ar os meus pulmões. Como Deus caprichou comigo!

A consciência da herança africana que impregna de beleza e de prazer o meu corpo bem como a minha filiação divina me enchem de amor e de respeito por mim mesma. Eu celebro e reverencio as minhas tradições, a minha história e a minha cultura. Eu sou parte integrante da comunidade negra e me alegra servi-la e contribuir para seu pleno desenvolvimento.

Tudo isso me confere aquele positivo orgulho de estar autodeterminando a minha vida individual e coletiva, de saber o lugar que ocupo neste mundo e de ter uma vida centrada em valores, não em interesses. Em conseqüência, assumo total responsabilidade pelas escolhas que tenho feito.

Eu sou uma mulher negra. Uma mulher que constrói a sua totalidade física e emocional no reconhecimento de ser parte deste mesmo fluxo de energia amorosa que ilumina e espiritualiza todos os seres materiais e imateriais. Esta energia procede do Absoluto, penetra de forma ora densa ora diáfana todo o Universo e vibra e rejubila em mim.

Eu estou aqui, diante de mim, inebriada em face das infinitas possibilidades de realização que esta consciência de ser negra me concede. Eu sorrio para mim mesma e saio. Estou fortalecida para conquistar o mundo!"

(Publicado no Jornal *Estado de Minas* em 8/3/1998)

Texto: Agosto: mês de bom gosto!

"Sempre gostei do mês de agosto, pois sabia que ia ganhar presente de aniversário da madrinha. Percebi, aos poucos, que as pessoas rejeitam este mês, dizendo que agosto é mês de azar. Não consigo enxergar nenhuma racionalidade nesta associação! É verdade que Getúlio Vargas se suicidou em agosto, mas isto poderia ter acontecido em qualquer mês do ano. Catástrofes naturais, aviões que caem e início de guerras acontecem independentemente do mês. Aliás, acontecem coisas boas e ruins em qualquer dia. Por que enfatizar só as ruins de agosto? As pessoas dizem claramente: *'Agosto: mês de desgosto!'* Só vejo uma explicação: a rima. Aliás, se é por causa disso, tenho uma rima muito melhor: *'Agosto: mês de bom gosto!'*

E esta superstição acontece justamente no mês de agosto, o mês do folclore, pois dia 22 é o Dia Mundial do Folclore. Boa hora para o folclore ser estudado, analisado e filtrado. É preciso saber separar o joio do trigo. Há o lado **bom do folclore que inclui a pureza, a poesia e a boa filosofia da sabedoria popular.** Mas há o **lado perverso do folclore, o da ignorância popular, em que se ensinam preconceitos, perigosas receitas caseiras de "cura" e medos por seres que não existem.** Esta ignorância repassa, de maneira sutil, receitas completas de infelicidade! A crendice que prejudica deve ser discutida nas escolas e questionada na mídia informativa e formativa para ser desacreditada. Muitas pessoas estudam longos anos, freqüentam universidades, mas não mudam comportamentos supersticiosos e preconceituosos. Continuam pensando e agindo como os pais, os avós ou os bisavós. Onde está a falha?

A meu ver, o conhecimento científico e o conhecimento dos valores éticos ainda não preparam suficientemente as pessoas para agir. É necessário confrontá-los com o conhecimento popular.

Silenciar sobre estas questões prejudiciais do nosso folclore é uma maneira de mentir, é a mentira por omissão. O folclore deve estar no dia-a-dia da sala de aula e também na mídia, quando for a hora certa de informar. Devemos assumir o papel de ajudar as pessoas a se libertarem dos medos por seres inexistentes e dos preconceitos contra a mulher, contra o negro ou contra o idoso, pelo uso da racionalidade. Agindo assim, estaremos ajudando a implantar a justiça, pré-requisito para a paz.

Vejamos exemplos concretos de crendices prejudiciais e preconceitos. Minha vizinha sofre muito em cada carnaval. Ela passa as terças-feiras rezando com medo de que algum de seus seis filhos brinque carnaval até depois da meia-noite e se transforme em lobisomem. Frases de efeito, ditados populares com conteúdo racista ou impregnados de preconceitos contra a mulher e contra as minorias são freqüentemente vistos e ouvidos nos pára-choques de caminhões, durante discussões e disputas, nos estádios esportivos, na mídia, nas letras de músicas populares.

Neste mês de agosto, repensemos nosso saber folclórico, aprendamos a admirar a sabedoria que ele contém e a perceber a falta de fundamentos científicos nas crendices que nos são prejudiciais.

Cuidemos de nos globalizar em conhecimentos técnicos e científicos, preservando-nos da homogeneização cultural por meio da valorização da nossa pluralidade étnica e cultural."

(Artigo da autora publicado na *Revista AMAE-Educando* em agosto de 2001)

Texto: Temos o direito de pedir paz?

"Temos o direito de pedir paz?

Não, nós brasileiros não temos este direito, uma vez que o Brasil tem fome de pão e de justiça. A fome dói no estômago, dói na alma, diminui o raciocínio e afeta a dignidade. *Há vinte e três milhões de brasileiros passando fome enquanto temos uma das maiores concentrações de renda do planeta!* (Veja, 23/1/2002). Que vantagens há em sermos a décima potência econômica, se o nosso povo não usufrui desta riqueza e se a nossa dívida social é cada vez maior? Citando Betinho: *'Maldito o país que consegue transformar a vítima em culpado, as crianças em ameaça, e declarar guerra a quem precisa, definitivamente, de amor.'*

Não, não temos o direito de pedir paz e abafar mais uma vez a exclusão social que traz a fome e a miséria em nosso país. Como dizia Dom Hélder Câmara: *'Nós não queremos a paz dos pântanos, a paz enganadora que esconde injustiças e podridão.'*

Em vez de pedir, nós, cidadãos comuns, temos sim que trabalhar pela paz, deixando nossa posição cômoda, nosso egoísmo, nossa omissão e arregaçar as mangas.

E como um cidadão comum pode trabalhar pela paz?

Trabalhar pela paz é trabalhar pela globalização dos valores éticos. Lutar por uma JUSTIÇA sem armas de fogo e sem violência numa luta de raciocínios, de idéias e ideais. Usar e abusar do DIÁLOGO, para buscar soluções inteligentes para as injustiças. Assim como ninguém tem o direito de invadir nossas terras, de roubar ou de matar, ninguém também tem o direito de deixar mães nordestinas alimentarem seus filhos com água de cacto cozido! Precisamos punir os culpados pela violência com o objetivo de modificar o comportamento deles, não o de punir por punir. E quem são os culpados? Aqueles excluídos que assaltam e roubam ou é a sociedade que violenta o cidadão pobre, que o incentiva ao consumismo, mas não cria empregos e não faz investimentos sociais?

Neste país injusto, por que priorizar o setor de segurança? Trancafiando os excluídos na cadeia, estamos sim superlotando nosso sistema prisional e 'balançando o berço' para que o crime se organize. O necessário é combater as causas da violência. Precisamos é retirar esta parcela da população da exclusão da terra, do emprego, da renda, do salário, da educação, da saúde, da economia, do lazer, da vida digna e da cidadania.

Trabalhar pela paz é também lutar pela globalização de outros valores éticos como o RESPEITO a si mesmo, o respeito à diversidade cultural e étnica e, ainda, o respeito ao meio ambiente. É ampliar os grupos de SOLIDARIEDADE e de VOLUNTARIADO. É buscar a SOBRIEDADE, lutando contra o desperdício, a futilidade e o esbanjamento que não dão retorno. É cobrar dos órgãos competentes a SUBSIDIARIDADE que deve dar suporte financeiro e técnico aos setores econômico-sociais fundamentais e deficitários.

Para finalizar, cito Molière: *'Nós não somos responsáveis apenas pelo que fazemos, mas também pelo que deixamos de fazer.'"*

(Artigo da autora publicado no *Jornal de Opinião* de 25 a 31/3/2002)

11

O QUE DIZEM AS LEIS

Constituição da República Federativa do Brasil –1988

A primeira Constituição Brasileira foi outorgada por D. Pedro I, em 1824. Esta, de 1988, é a oitava Constituição, mas já possui uma série de emendas. Nesta Constituição, a democracia deu um grande passo ao incluir que **o racismo é crime**. Seguem alguns artigos relacionados ao nosso tema.

"TÍTULO I: DOS PRINCÍPIOS FUNDAMENTAIS

Artigo 3º – Constituem objetivos fundamentais da República Federativa do Brasil:

[...] III – erradicar a pobreza e a marginalização e reduzir as desigualdades sociais e regionais;

IV – promover o bem de todos, sem preconceitos de origem, raça, sexo, cor, idade e quaisquer outras formas de discriminação; [...]

TÍTULO II: DOS DIREITOS E GARANTIAS INDIVIDUAIS
Capítulo I: Dos Direitos e Deveres Individuais e Coletivos

Artigo 5º – Todos são iguais perante a lei, sem distinção de qualquer natureza, garantindo-se aos brasileiros e aos estrangeiros residentes no País a inviolabilidade do direito à vida, à liberdade, à igualdade, à segurança e à propriedade, nos termos seguintes:

I – homens e mulheres são iguais em direitos e obrigações, nos termos desta Constituição; [...]

*XLII – **a prática do racismo constitui crime inafiançável e imprescritível**, sujeito à pena de reclusão, nos termos da lei; [...]*

TÍTULO VIII: DA ORDEM SOCIAL
Capítulo III: Da Educação, da Cultura e do Desporto

Artigo 215 – O Estado garantirá a todos o pleno exercício dos direitos culturais e acesso às fontes da cultura nacional, e apoiará e incentivará a valorização e a difusão das manifestações culturais.

Parágrafo 1° – O Estado protegerá as manifestações das culturas populares, indígenas e afro-brasileiras, e das de outros grupos participantes do processo civilizatório nacional."

Estatuto da Criança e do Adolescente (ECA) – 1990

Além das leis da nossa Constituição, houve necessidade de se criar no Brasil leis específicas para proteger nossas crianças de abusos. O ECA foi criado pelo governo brasileiro em 1990. Vejamos algumas leis:

"Artigo 2° – Considera-se criança, para os efeitos desta Lei, a pessoa até doze anos de idade incompletos, e adolescente aquela entre os doze e dezoito anos de idade.

Artigo 4° – É dever da família, da comunidade, da sociedade em geral e do poder público assegurar, com absoluta prioridade, a efetivação dos direitos (da criança e do adolescente) referentes à vida, à saúde, à alimentação, à educação, ao esporte, ao lazer, à profissionalização, à cultura, à dignidade, ao respeito, à liberdade e à convivência familiar e comunitária.

Artigo 17 – O direito ao respeito consiste na inviolabilidade da integridade física, psíquica e moral da criança e do adolescente, abrangendo a preservação da imagem, da identidade, da autonomia, dos valores, idéias e crenças, dos espaços e objetos pessoais.

Artigo 18 – É dever de todos velar pela dignidade da criança e do adolescente, pondo-os a salvo de qualquer tratamento desumano, violento, aterrorizante, vexatório ou constrangedor.

Artigo 71 – A criança e o adolescente têm direito a informação, cultura, lazer, esportes, diversões, espetáculos e produtos e serviços que respeitem sua condição peculiar de pessoa em desenvolvimento."

Lei de Diretrizes e Bases (LDB)– 1996

A **Lei n° 9.394**, de 20 de dezembro de 1996, estabelece as diretrizes e bases da educação nacional.

Em 9 de janeiro de 2003 houve uma grande alteração curricular nesta lei, com a criação da **Lei 10.639**, provocando um grande avanço nos currículos nacionais, ficando assim a mudaça:

"TÍTULO V: DOS NÍVEIS E DAS MODALIDADES DE EDUCAÇÃO E ENSINO
Capítulo II: Da Educação Básica

Artigo 26 – Os currículos de ensino fundamental e médio devem ter uma base nacional comum, a ser complementada, em cada sistema de ensino e estabelecimento escolar, por uma parte diversificada, exigida pelas características regionais e locais da sociedade, da cultura, da economia e da clientela.

[...]

Artigo 26-A – 'Nos estabelecimentos de ensino fundamental e médio, oficiais e particulares, torna-se obrigatório o ensino sobre História e Cultura Afro-Brasileira.'

§ 1° – O conteúdo programático a que se refere o caput deste artigo incluirá o estudo da História da África e dos Africanos, a luta dos negros no Brasil, a cultura negra brasileira e o negro na formação da sociedade nacional, resgatando a contribuição do povo negro nas áreas social, econômica e políticas pertinentes à História do Brasil.

§ 2° – Os conteúdos referentes à História e Cultura Afro-Brasileira serão ministrados no âmbito de todo o currículo escolar, em especial nas áreas de Educação Artística e de Literatura e História Brasileiras.

[...]

TÍTULO VIII
Das disposições gerais

Artigo 79-B – O calendário escolar incluirá o dia 20 de novembro como o 'Dia Nacional da Consciência Negra'."

Declaração Universal dos Direitos Humanos – ONU – 1948

A Organização das Nações Unidas (ONU) foi criada após a Segunda Guerra Mundial, em 1945, para tentar manter a paz mundial. A preocupação com os direitos humanos gerou a criação desta declaração, aprovada pela Assembléia Geral da ONU em 10 de dezembro de 1948. Estas leis são de caráter internacional e devem ser obedecidas por todos os países signatários. São trinta artigos, mas destacamos apenas dois:

"Artigo II – (1) – Todo homem tem capacidade para gozar os direitos e as liberdades estabelecidos nesta Declaração. Sem distinção de qualquer espécie, seja de raça, cor, sexo, língua, religião, opinião política ou de outra natureza, origem nacional ou social, riqueza, nascimento ou qualquer outra condição.

Artigo IV – Ninguém será mantido em escravidão ou servidão: a escravidão e o tráfico de escravos serão proibidos em todas as suas formas."

Carta da Terra – UNESCO – 14/3/2000

Este documento da Organização das Nações Unidas para a Educação, a Ciência e a Cultura (UNESCO), partiu da preocupação de que

"Precisamos cuidar da nossa Casa Comum, a Terra. Há demasiada violência, injustiça, sofrimento e pobreza em nosso mundo. Temos que mudar de rumo. É *urgente construir um modelo civilizatório que encontre o equilíbrio dinâmico entre a unidade e a diversidade, o ter e o ser, o desenvolvimento e a preservação, o trabalho e o cuidado.*

É indispensável uma ética do cuidado que se aplique tanto em nível planetário quanto em nível local e pessoal. É inadiável um imenso processo de reeducação da humanidade."

São vinte e um os princípios da *Carta da Terra*. Vejamos alguns:

"6 – Substituir padrões perdulários de produção e consumo, responsáveis diretos pela situação de degradação da Terra, por modelos de desenvolvimento sustentável, promovendo a justa medida entre desenvolvimento e preservação, conservando e promovendo o patrimônio ambiental e cultural.

7 – Promover a eqüidade e a justiça social, reduzindo as diferenças de renda e de acesso às riquezas do planeta, assegurando a todos o direito à educação e ao conhecimento, às habilidades práticas, ao trabalho livre e criativo, necessários para formar pessoas e comunidades sustentáveis.

8 – Afirmar o equilíbrio, a eqüidade e a reciprocidade de gênero como requisitos de humanidade incompatíveis com as práticas criminosas de comércio e abuso sexual.

10 – Promover o acesso à terra, no meio rural e urbano, eliminando a concentração fundiária e garantindo o cumprimento da sua função socioambiental.

15 – Reconhecer que os povos indígenas, os negros e outras populações tradicionais detêm conhecimentos vitais para cuidar e proteger a Mãe Terra, assegurandolhes o direito a seus territórios, à sua cultura, a seus caminhos espirituais e às suas formas sustentáveis de produção.

17 – Assegurar o direito dos povos, especialmente dos que detêm maior reserva de biodiversidade, à produção de biotecnologia e proteção contra a biopirataria e o comércio de órgãos, garantindo o respeito à bioética."

12

ENTIDADES NEGRAS

- **Geledés – Instituto da Mulher Negra**: Organização Não-Governamental paulista que realiza vários projetos de conscientização contra o preconceito racial. Endereço: Praça Carlos Gomes, 67 – 5º andar – Conjunto M – Liberdade – CEP 1501040 – São Paulo-SP. Tel. (11) 3106-4728. *Site* **www.geledes.com.br**
- **SOS Racismo**: um serviço do Geledés que recebe denúncias e atua juridicamente no combate ao racismo. São Paulo-SP. Tel. (11) 3105-3869.
- **AMMA Psiquê e Negritude**: fornece orientação e auxílio psicológico às vítimas do preconceito racial. Além disso, realiza cursos e palestras em escolas. São Paulo-SP. Tel. (11) 280-1768 e (11) 572-1331.
- **AJIR – Programa Jurídico Insurgente de Combate ao Racismo**: ligado ao Centro de Articulação de Populações Marginaliadas (CEAP), fornece atendimento e orientação jurídica gratuita para os casos de racismo. Rio de Janeiro-RJ. Tel. (21) 232-7077.
- **Movimento Negro Unificado (MNU).**
- **Fundação Cultural Palmares**: SBN – Q 02 – Ed. Central – Brasília-DF. Tel. (61) 226-7613.
- **Centro de Estudos Afro-Asiáticos**: Rua da Assembléia – Conjunto 501 – Centro – Cep 20.011-000 – Rio de Janeiro-RJ – Tel.: (21) 531-2636.
- **Centro de Estudos Afro-Orientais (CEAO)**: Universidade Federal da Bahia. Rua Leovigildo Filgueiras, 392 – Bairro do Garcia – Salvador-BA. Tel. (71) 245-0120.
- **CEAFRO – Profissionalização para Cidadania**: Praça Inocêncio Galvão, 42, Largo Dois de Julho – Salvador-BA. *E-mail*: ceafro@ufba.br.
- **Escola Criativa do Olodum**: Rua Francisco Muniz Barreto, 30 – Pelourinho. Salvador-BA. Tel. (71) 241-3028.
- **Religiosos Negros de Minas Gerais:** Rua Espírito Santo, 1659/12º andar – Secretaria de Pastoral – Sala APN'S – Cep 30.160-031 – Belo Horizonte-MG.
- **Centro Cultural Alto Vera Cruz**: local onde grupos de *hip hop* da região se reúnem para ensaios aos domingos. Rua Padre Júlio Maria, 1577 – Alto Vera Cruz – Belo Horizonte-MG. Tel. (31) 3277-5612 e 3277-5616.

13

SUGESTÃO DE LIVROS, FILMES E *SITES*

Livros para atividades escolares

- *Alfabeto Negro,* de Rosa Margarida de Carvalho Rocha e Cristina Agostinho. Belo Horizonte: Mazza Edições, 2000.
- *A vida de Zumbi dos Palmares*, de Joel Rufino dos Santos. Brasília: Ministério da Cultura / Fundação Cultural Palmares, 1995.
- *Cidadania em preto e branco*, de Maria Aparecida Silva Bento. São Paulo: Ática, 2001.
- *Cidadania não tem cor* (cartilha), do Conselho Municipal do Negro (CONEGRO). Vitória: Prefeitura Municipal de Vitória.
- *Garantia de Direitos: Cartilha para Adolescentes, Trabalhadoras Domésticas, Mulheres Negras.* Centro de Estudos Afro-Orientais (CEAFRO). Profissionalização para Cidadania. Salvador: Unicef. Save the Children, 2001.
- *Ilê Aiê (Terra da Vida) – Um diário imaginário*, de Chico dos Bonecos. Belo Horizonte: Mazza Edições, 1988.
- *Série: Esta história eu não conhecia.* Belo Horizonte: Mazza Edições, 1981.
- *20 de Novembro – A consciência nasceu na luta, de* Alfredo Boulos Jr. São Paulo: FTD. (*Construindo nossa memória*).
- *13 de Maio. Abolição: Por que comemorar?*, de Alfredo Boulos Jr. São Paulo: FTD, 1996. (*Construindo nossa memória).*
- *Zumbi – A Resistência de um jovem brasileiro*, de Aparecida Carlos e Efigênia Pimenta.

Livros de literatura infantil

- *Amigo do rei,* de Ruth Rocha. São Paulo: Ática.
- *A história dos escravos*, de Isabel Lustosa e Maria Eugênia. (Literatura infanto-juvenil). São Paulo: Cia. das Letrinhas.
- *Bichos da África*, de Rogério Andrade Barbosa. São Paulo: Melhoramentos. (Lendas e Fábulas).
- *Correspondente estrangeiro*, de Lino de Albergaria. São Paulo: Editora do Brasil S.A.
- *Doce princesa negra,* de Solange Azevedo Cianni. Rio de Janeiro: Memórias Futuras. (Coleção Orgulho da Raça).

- *Duas amigas*, de Roseana Murray. Rio de Janeiro: Memórias Futuras. (Coleção Orgulho da Raça).

- *Felicidade não tem cor*, de Júlio Emílio Braz. (Livro infanto-juvenil). São Paulo: Moderna.

- *Luana: a menina que viu o Brasil neném*, de Aroldo Macedo. São Paulo: FTD, 2000.

- *Menina bonita de laço de fita*, de Ana Maria Machado. São Paulo: Melhoramentos, 2000. (Série *Conte Outra Vez*).

- *Nó na garganta*, de Mirna Pinsk. São Paulo: Atual.

Livros para embasamento teórico e projetos educacionais

- *Afrografias da memória*, de Leda Maria Martins. Belo Horizonte: Mazza Edições.

- *A mulher negra que vi de perto*, de Nilma Lino Gomes. Belo Horizonte: Mazza Edições, 1995.

- *Ardis da imagem*, de Edimilson de Almeida Pereira e Núbia Pereira de Magalhães Gomes. Belo Horizonte: Mazza Edições, 2001.

- *Brasil, Gênero e Raça. Todos Unidos pela Igualdade de Oportunidades – Discriminação: Teoria e Prática.* Programa Nacional dos Direitos Humanos. Assessoria Internacional/MTb – Brasília – DF – tel. (061) 225-1242 e 317-6126/Fax (061) 2240814 /e-mail: internacional @mtb.gov.br.

- *Cada homem é uma raça*, de Mia Couto. Rio de Janeiro: Nova Fronteira.

- *Consciência Negra do Brasil: os principais livros.* Quase trezentas obras comentadas e recomendadas por especialistas afro-brasileiros. Organizadores: Cuti e Maria da Dores Fernandes. Belo Horizonte: Mazza Edições, 2002.

- *Contando a história do samba*, de Elzelina Dóris dos Santos. Belo Horizonte: Mazza Edições, 2003.

- *Diferenças e preconceitos na escola*, de Júlio Groppa Aquino. São Paulo: Summus Editorial.

- *Do silêncio do lar ao silêncio escolar*, de Eliane dos Santos Cavalleiro. São Paulo: Contexto, 2000.

- *Educação e Discriminação dos Negros* – Instituto de Recursos Humanos João Pinheiro. Belo Horizonte: Mazza Edições, 1988.

- *Gostando mais de nós mesmos – perguntas e respostas sobre a auto-estima e questão racial*, de Ana Maria Silva et al. AMMA: Psique e Negritude Quilombhoje. São Paulo: Editora Gente, 1999.

- *Identidade Negra e Educação*, de Marco Aurélio Luz. *Cadernos de Educação Política*.

- *Negritude: usos e sentidos*, de Kabenguele Munanga. São Paulo: Ática.

- *Negro, qual é o seu nome?*, de Consuelo Dores Silva. Belo Horizonte: Mazza Edições, 1995.
- *O Negro no Brasil*, de Júlio J. Chiavenato. São Paulo: Brasiliense.
- *O Que é Racismo*, de Joel Rufino dos Santos. São Paulo: Abril Cultural/ Brasiliense, 1984. Coleção *Primeiros Passos*.
- *Orgulho da Raça: uma história de racismo e educação no Brasil*, de Heloísa Pires Lima. Rio de Janeiro: Memórias Futuras. (Coleção Orgulho da Raça).
- *Palmares - A Guerra dos Escravos*, de Décio Freitas. Rio de Janeiro: Edições Graal, 1982.
- *Quilombos – Resistência ao Escravismo*, de Clóvis Moura. São Paulo: Ed. Ática.
- *Ser Negro no Brasil Hoje*, de Ana Lúcia Valente. Projeto Passo à Frente. São Paulo: Moderna. Coleção *Polêmica*.
- *Sou preto da linda cor – Proposta metodológica de combate ao racismo na Educação Infantil*, de Edna Rodrigues Arthuso. Belo Horizonte: Creche Caiçaras, 2001.
- *Superando o racismo na escola*, de Kabengele Munanga (Org..). Brasília: Ministério da Educação Fundamental, 2001.
- *Todos semelhantes, todos diferentes*, de Albert Jacquard. São Paulo: Augustus.
- *Zumbi dos Palmares vai às Escolas: Roteiro para o Professor*, de Diva Moreira e Rosa Margarida de Carvalho Rocha. Belo Horizonte: Secretaria do Estado da Educação de Minas Gerais, 1996.
- *Zumbi dos Palmares*, de Maria de Lourdes Siqueira e Marcos Cardoso. Belo Horizonte: Mazza Edições.

Contos africanos

- *Afonjá: Mitos Afro-brasileiros*, de Carlos Petrovich e Vanda Machado. Salvador: Edufba, 2002.
- *História da Preta*, de Heloisa Pires. São Paulo: Cia. das Letrinhas.
- *Ilê ifé - O sonho do iaô*. Salvador: Edufba.
- *Lendas Negras*, de Júlio Emilio Brás. São Paulo: FTD.
- *Na Terra dos Orixás*, de José Ganymédis. Editora do Brasil, 1988.
- *Ogum – O Rei de muitas Faces e outras histórias dos Orixás*, de Lídia - Chaub. São Paulo: Companhia das Letras.
- *O Presente de Ossanhã*, de Joel Rufino. São Paulo: Global.
- *Prosa de Nagô*, de Vanda Machado e Carlos Petrovich. Salvador: Edufba. Coleção: Pré-Textos.

Reportagens

- *Revista Veja:* São Paulo, 22/11/1995, 24/6/1998 e 18/8/1999.
- *Revista Capricho:* São Paulo, nov./1995 – África – Editora Abril.
- *Revista Super Interessante:* São Paulo, nov. /1995.
- *Cadernos do Terceiro Mundo:* Rio de Janeiro, n. 190, nov./1995.
- *Revista Alô Mundo:* Taboão da Serra, n. 92, nov./1995.
- *Revista Nova Escola:* São Paulo, n. 86, ago./1995 e n. 120, mar./1999 – Editora Abril.
- *Revista AMAE-Educando:* Belo Horizonte, n. 280, nov./98 e n. 296, nov./2000.
- *Revista Raça Brasil:* São Paulo, várias reportagens.
- *Revista IstoÉ:* São Paulo, 18/11/1998, 2/12/1992.

Sugestão de filmes

Assistir ao filme antes de passá-los aos alunos é sempre bom para conferir se ele é adequado e também para planejar alguma atividade após sua exibição.

- *A cor púrpura:* trata dos conflitos entre brancos e negros escravizados no período de colonização dos Estados Unidos.
- *A Lista de Schindler*: com algumas cenas reais, relata o racismo contra os judeus durante o período nazista de Hitler. Direção de Steven Spielberg.
- *Amistad:* a história ocorre em um navio negreiro (1997). Direção de Steven Spielberg.
- *Ao mestre com carinho I*: professor negro chega para trabalhar com alunos indisciplinados e consegue fazer um excelente trabalho.
- *Código de honra*: mostra o preconceito contra judeus dentro de uma escola, onde as pessoas se revelam entre injustiças e situações de desrespeito.
- *Duelo de Titãs:* dois homens superam suas diferenças raciais e transformam um grupo de jovens hostis aos negros em um time campeão.
- *O Guarani*: relata o caso de amor proibido entre Peri e Ceci, causado pelo preconceito entre índios e brancos (Brasil).
- *Gandhi*: relata a vida deste pacifista indiano e sua estratégia de luta por justiça para libertar a Índia da Inglaterra e chegar à paz (Indo-Bristish Films Ltd.).
- *Homens de honra:* história inspirada na determinação de um homem negro e pobre que queria ser mergulhador de elite da Marinha norte-americana, enfrentando a oposição do chefe branco.

- *Kiriku e a feiticeira:* desenho no qual um menino com dons especiais deve salvar a aldeia de uma cruel feiticeira. Baseado em uma lenda da África Ocidental. Direção de Michel Ocelot (França).
- *Malcom X* (três fitas): relata a vida deste líder negro norte-americano.
- *Maré Vermelha*: dois líderes, um negro e o outro branco, vivem em competição.
- *Mississipi em chamas*: atuação brutal dos membros da Ku Klux Klan, nos Estados Unidos da América.
- *O poder de um jovem*: mostra que uma só pessoa pode fazer diferença e mudar uma situação (África do Sul).
- *O preço do desafio*: baseado em fatos reais, um professor vai lecionar e encontra gangues de drogados e muito preconceito contra os hispânicos. Ele desafia os alunos a mudarem suas vidas. Direção de Ramon Menendez (USA, 1988).
- *Os donos da rua*: sobre gangues dos Estados Unidos.
- *Os últimos rebeldes*: mostra a Alemanha de Hitler (Alemanha).
- *Quilombo:* resgata a história do movimento de resistência negra em Quilombo de Palmares. Direção de Cacá Diegues.
- *Raízes*: retrata o período de colonização norte-americana e os conflitos advindos da escravização dos negros.
- *Um grito de liberdade*: história real, passada na África do Sul, sobre o líder negro Steve Biko. Direção de Richard Attenborough (Inglaterra, 1987).
- *Uma onda no ar*: quatro jovens amigos de uma favela de Belo Horizonte criam a Rádio Favela, dando voz aos excluídos, mesmo operando na ilegalidade. O sucesso da rádio comunitária repercute fora da favela, trazendo também inimigos para o grupo.
- *Cidade de Deus*: Drama. Buscapé é um jovem pobre, negro e muito sensível, que cresce em um universo de muita violência, a Cidade de Deus, favela carioca conhecida por ser um dos locais mais violentos da cidade. Amedrontado com a possibilidade de se tornar um bandido, acaba sendo salvo de seu destino por causa de seu talento fotográfico.

Outros filmes sugeridos

- *Adivinhe quem vem para jantar* (comédia).
- *Ao mestre com carinho II.*
- *Aprisionados.*
- *Atlântico Norte – na rota dos Orixás.*
- *Baú de histórias:* lendas africanas.
- *Bopha.*
- *Conrack.*

- *Duro aprendizado.*
- *Faça a coisa certa.*
- *Febre da Selva.*
- *Mentes Perigosas.*
- *Mudança de hábito.*
- *O Segredo.*
- *Questão de pele.*
- *Sarafina.*
- *Segredos e Mentiras* (comédia).
- *Tempo de matar.*
- *Todos a bordo.*
- *Uma história americana.*

Sites *selecionados*

- www.veracruz500.org.br/brasilis/afrobra.htm.
- www.palmares.gov.br
- www.pt.org.br/racismo/racmov.htm
- www.geocities.com/Arte_Marcial_Brasileira/português.html
- http://zumbi.ongba.org.br/afro
- http://www.ongba.org.br/afro/home
- http://www.brazilonline.com/cartola/poesia.html
- www2.uol.com.br/simbolo/raca
- http://www.mine.gov.br/fep
- www.correios.com.br
- www.mazzaedições.com.br
- www.sobalivros.hpg.com.br

14

GLOSSÁRIO

- **APARTHEID** – Sistema oficial de segregação racial que era praticado na África do Sul privilegiando uma minoria branca.
- **AUTOESTIMA** – Valorização de si mesmo, ter amor próprio, querer-se bem, ter uma imagem ou conceito positivo de si próprio.
- **DISCRIMINAÇÃO RACIAL** – Segregação, separação, apartação racial. Atitudes que visam separar as raças, baseadas em ideias preconceituosas.
- **ETNIA** – População ou grupo social que apresenta relativa homogeneidade cultural e linguística, compartilhando história e origem comuns. Vem sendo usada em substituição a termos como nação, povo e raça.
- **FENÓTIPO** – Aparência externa dos indivíduos, determinada pelo seu genótipo e pelas condições ambientais.
- **GENÓTIPO** – Conjunto dos genes de um indivíduo.
- **KU KLUX KLAN** – Organização racista dos Estados Unidos que prega a superioridade da raça branca norte-americana e utiliza métodos violentos contra negros, latinos, asiáticos, judeus e homossexuais.
- **MAHATMA GANDHI** (1869-1948) – Líder pacifista nascido na Índia. Ao estudar para advogado na África do Sul, sofreu racismo. De volta a seu país, conseguiu libertar a Índia da Inglaterra, utilizando-se da filosofia da não-violência pela desobediência civil.
- **MALCOM X** (1925-1965) – Nascido numa sociedade racista, este negro norte-americano foi o principal porta-voz dos negros muçulmanos nos Estados Unidos. Transformou-se num grande líder dos jovens, por ter mostrado ao mundo inteiro seu orgulho de ser negro.
- **MARTIN LUTHER KING** (1929-1968) – Pacifista nascido nos Estados Unidos, doutor em Filosofia, pastor e líder negro que lutou contra o racismo segregacionista do seu país. Este grande líder antirracista foi mensageiro da justiça e da paz, recebendo o Prêmio Nobel da Paz em 1964.
- **MOVIMENTO NEGRO** – Movimento unificado dos negros brasileiros que luta contra a discriminação racial e trabalha pelo resgate de seus direitos.
- **NEGRITUDE** – Conjunto de valores culturais e espirituais do mundo negro, muitos deles proibidos de se manifestarem durante o período da escravização.
- **NELSON MANDELA** (nasceu em 1918) – Negro sul-africano, advogado, lutou contra o *apartheid* na África do Sul. Foi preso durante trinta anos por isso. É o maior líder negro vivo da atualidade. Tornou-se o primeiro presidente negro de seu país. Ganhador do Prêmio Nobel da Paz em 1993.

- **PRECONCEITO** – Conceito ou opinião formados antecipadamente, sem maior ponderação ou conhecimento dos fatos.

- **RAÇA** – Conjunto de indivíduos cujos caracteres somáticos, tais como a cor da pele, a conformação do crânio e do rosto, o tipo de cabelo, etc., são semelhantes e se transmitem por hereditariedade, embora variem de indivíduo para indivíduo.

- **RACISMO** – Crença na superioridade biológica, cultural e moral de uma raça sobre a outra.

- **RESISTÊNCIA NEGRA** – Formas de reação dos negros contra a violência do escravismo, contra a obrigatoriedade da aculturação. Fugas, suicídios, assassinatos, rejeição ao trabalho, surgimento dos quilombos, prática de cultos.

- **STEVE BIKO** (1946-1977) – Líder sul-africano, Stephen Biko, também conhecido como Steve Biko, destacou-se na luta contra a política do *apartheid*. Foi preso, torturado por quase vinte e quatro horas e assassinado pela polícia. Procurou, por intermédio da consciência negra, difundir na comunidade negra um novo orgulho de si mesma, de seus esforços, de seus valores e de sua cultura.

- **TOLERÂNCIA** – Tendência a admitir modos de pensar, de agir e de sentir que diferem dos de um indivíduo ou de grupos determinados raciais, políticos e religiosos.

- **XENOFOBIA** – Aversão a pessoas e coisas estrangeiras. Nacionalismo exacerbado.

- **ZUMBI** (1655-1695) – Último comandante do Quilombo de Palmares; por dezesseis anos venceu os ataques à sua terra. Principal símbolo da resistência negra no Brasil, reconhecido como herói nacional.

15

REFERÊNCIAS

ALMANAQUE ABRIL. São Paulo: Abril.

BENTO, Maria Aparecida Silva. *Cidadania em preto e branco.* São Paulo: Ática, 2001.

BERND, Zilá. *Racismo e anti-racismo.* São Paulo: Moderna, 1994.

BETTO, Frei. *OSPB – Introdução à política brasileira.* 12. ed. São Paulo: Ática, 1990.

BRASIL. MEC. SEF. *Parâmetros Curriculares Nacionais: Apresentação dos temas transversais – 3º e 4º ciclos.* Brasília: MEC, 1998.

_____. MEC. Secretaria de Educação Média e Tecnológica. *Parâmetros Curriculares Nacionais: Ensino médio.* Brasília: Ministério da Educação, 1999.

_____. *Constituição da República Federativa do Brasil,* 1988.

_____. *Estatuto da Criança e do Adolescente, 1990.*

CARDOSO, Marcos Antônio. *O Movimento Negro.* Belo Horizonte: Mazza Edições, 2002.

CATÁLOGO de Selos do Brasil: de 1843 a 2000. 52. ed. colorida. São Paulo: RHM Ltda., 2001.

CARNEIRO, Maria L.T. *O racismo na história do Brasil – mito e realidade.* São Paulo: Ática, 1998.

CENTRO DE ESTUDOS AFRO-ORIENTAIS. Profissionalização para Cidadania. *Garantia de Direitos: cartilha para adolescentes, trabalhadoras domésticas, mulheres negras.* Salvador: Unicef. Save the Children, 2001.

DUARTE, Gleuso Damasceno. *Educação moral e cívica.* 2. ed. Belo Horizonte: Lê, v. 2, s/d.

FAGUNDES, Márcia B. *Aprendendo valores éticos.* Belo Horizonte: Autêntica, 2000.

ESTADO DE MINAS. Belo Horizonte, 1990 – 2003.

FERREIRA, Aurélio B. H. *Novo Aurélio Século XXI: o dicionário da língua portuguesa.* 3. ed. Rio de Janeiro: Nova Fronteira, 1999.

FOLHA DE SÃO PAULO. *O esporte protesta.* São Paulo, 28/6/1996.

INOWE, Ana Amélia. *Temas transversais em valores humanos.* São Paulo: Fundação Peirópolis, 1999.

KABENGELE, Munanga. Racismo: esta luta é de todos. *Revista Raça Brasil*, São Paulo, p. 3-15, out./2000.

MATOS, Emília Rosa Teixeira de. *Hilbert & Teixeira:* duas famílias ao raiar do século XX. Belo Horizonte, 1996. (Produção independente).

MATOS, Maria Zilá Teixeira de. 20 de novembro: Dia Nacional da Consciência Negra. *Revista Amae-Educando,* Belo Horizonte, n. 280, p.32-35, nov./1998.

_____. Por que foi criado o Dia Internacional da Mulher? *Revista Amae-Educando,* Belo Horizonte, n. 281, p.17-21, mar./1999.

_____. Datas que falam/ Dias dos Pais/ Folclore não é só lenda! *Revista Amae-Educando.* Belo Horizonte, n. 277, p. 18-22, ago./1998.

MOREIRA, Diva, ROCHA, Rosa Margarida de Carvalho. *Zumbi dos Palmares vai às escolas* – Roteiro para o Professor. Belo Horizonte: Secretaria do Estado da Educação de Minas Gerais, 1996.

NICHOLSON, Michael. *Mahatma Gandhi:* personagens que mudaram o mundo. São Paulo: Globo, 1993.

ONU. *Declaração Universal dos Direitos Humanos* – 1948.

PAIM, Paulo. *A vitória contra o preconceito.* Brasília: Senado Federal, 2003.

QUEIROZ, Renato da Silva. *Não vi e não gostei:* o fenômeno do preconceito. São Paulo: Moderna, 1995.

REVISTA: *Alô Mundo.* Taboão da Serra: Alô Mundo, 1990 – 1998.

REVISTA *Amae-Educando.* Belo Horizonte, 1998 – 2003.

REVISTA *Cadernos do Terceiro Mundo.* Rio de Janeiro: Terceiro Mundo, 1995-2002.

REVISTA *IstoÉ.* São Paulo: Três, 2 dez. 1992, 18 nov. 1998.

REVISTA *Nova Escola.* São Paulo: Abril, 1995-2003.

REVISTA *Raça Brasil.* São Paulo: Símbolo, 1996-1998.

REVISTA *Sem Fronteiras.* Taboão da Serra, 1995 – 2003.

REVISTA *Veja.* São Paulo: Abril, 1990-2003.

ROCHA, Rosa Margarida de Carvalho; AGOSTINHO, Cristina. *Alfabeto Negro.* Belo Horizonte: Mazza Edições, 2000.

SAFFIOTI, Heleith. *O Poder do Macho.* Col. Polêmica. São Paulo: Moderna, 1987.

SANTOS, Joel Rufino dos. *A vida de Zumbi dos Palmares.* Brasília: MEC/FAE, 1995.

SCHLOREDT, Valerie; BROWN, Pam. *Martin Luther King:* personagens que mudaram o mundo. São Paulo: Globo, 1993.

SILVA, Ana Maria et al. Amma: Psique e Negritude Quilombhoje. *Gostando mais de nós mesmos:* perguntas e respostas sobre a auto-estima e questão racial. São Paulo: Gente, 1999.

SOARES, Rosemary Dore. *Gramsci, o Estado e a escola.* Ijuí: Ed. Unijuí, 2000.

SOUZA, Herbert; RODRIGUES, Carla. *Ética e cidadania.* São Paulo: Moderna, 1994.

UNESCO. Carta da Terra. 14/3/2000. Jornal *Estado de Minas*, Belo Horizonte, p.11, 18 abr. 2000.

USIS, United States Internacional Service. *The civil rights movement and the legacy of Martin Luther King Jr. Agency, 1989.*

VALENTE, Ana Lúcia E.F. *Ser negro no Brasil hoje.* São Paulo: Moderna, 1994.

WHITAKER, Dulce. *Mulher & homem:* o mito da desigualdade. São Paulo: Moderna, 1988. Coleção Polêmica.

ZAGURY, Tânia. A família e a ética. *Revista Amae-Educando*, Belo Horizonte, n. 243, p. 21-22, maio/1994.

BIOGRAFIA

Maria Zilá Teixeira de Matos é mineira de Belo Horizonte, nascida no Barreiro em 17/8/1952. Passou lá boa parte de sua infância com seus muitos irmãos e primos, onde era habitual brincar de pegador em cima de mangueiras e fazer guerra de jabuticabas.

Desde criança, adorava brincar de ser professora no recreio da escola. E como diz o ditado, *Filho de peixe, peixinho é,* Zilá seguiu os passos de sua mãe, a dona Emília, que foi professora e diretora da Escola Estadual Desembargador Rodrigues Campos, no Barreiro, e era conhecida por seu grande envolvimento na área educacional. De seu pai, o seu Luiz, herdou o respeito pela natureza.

Seu sonho começou a se concretizar quando se formou para professora primária no Instituto de Educação de Minas Gerais, em 1970. Poucos anos depois, em 1974, graduou-se em Geografia como Bacharel-Licenciada pelo Instituto de Geo-Ciências (IGC) da Universidade Federal de Minas Gerais (UFMG).

Lecionou na Fundação de Ensino de Contagem (FUNEC), no Colégio Pitágoras, na Escola Municipal Oswaldo Cruz (EMOC) e coordenou cursos para professores de Geografia da Rede Pitágoras em algumas cidades do país.

Este é o seu primeiro livro, embora tenha artigos e reportagens, na maioria sobre a questão racial, publicados na *Revista AMAE-Educando,* no Jornal *Estado de Minas,* na *Revista Nova Escola,* no *Jornal de Opinião,* nos *Informativos Filatélicos dos Correios* e no catálogo do *Prêmio Educar para a Igualdade Racial,* do Centro de Estudos das Relações de Trabalho e Desigualdades (CEERT).

É casada com José Cândido, professor de Ciências e Biologia, com quem tem uma filha, a Ana Luíza. De ambos sempre recebeu muito incentivo.

Este livro foi composto em tipologia
Souvenir Lt Bt, corpo 11/14 e impresso em
papel Offset 90g/m^2 (miolo) e
Cartão Royal 250g/m^2 (capa).